JOYCE MEYER

A PALAVRA, O NOME, O SANGUE

JOYCE MEYER

A PALAVRA, O NOME, O SANGUE

Belo Horizonte

Edição publicada mediante acordo com FaithWords, New York, New York. Todos os direitos reservados.

Diretor
Lester Bello

Autora
Joyce Meyer

Título Original
The Word, the Name, the Blod

Tradução
Maria Lucia Godde / Idiomas & Cia

Revisão
Idiomas & Cia / Silvia Calmon,
Ana Lacerda e Mércia Padovani

Diagramação
Julio Fado
Ronald Machado (Direção de arte)

Design capa (adaptação)
Fernando Rezende
Ronald Machado (Direção de arte)

Impressão e Acabamento
Promove Artes Gráficas

Av. Silviano Brandão, 1702
Horto - CEP 31.015-015
Belo Horizonte/MG - Brasil
contato@bellopublicacoes.com
www.bellopublicacoes.com.br

© 1995 por Joyce Meyer
Copyright desta edição
FaithWords
Hachette Book Group
New York, NY

Publicado pela
Bello Comércio e Publicações Ltda-ME
com a devida autorização de
Hachette Book Group e todos
os direitos reservados.

Primeira edição — Março de 2012
2ª Reimpressão — Setembro de 2014

Todos os direitos reservados. Nenhuma parte desta publicação poderá ser reproduzida, distribuída ou transmitida sob qualquer forma ou meio, ou armazenada em base de dados ou sistema de recuperação, sem a autorização prévia por escrito da editora.

Exceto em caso de indicação em contrário, todas as citações bíblicas foram extraídas da Bíblia Sagrada Nova Versão Internacional (NVI), 2000, Editora Vida. Outras versões utilizadas: AA (Almeida Atualizada, SBB), ABV (A Bíblia Viva, Mundo Cristão) ACF (Almeida Corrigida Fiel, Sociedade Bíblia Trinitariana do Brasil). A versão AMP (Amplified Bible) foi traduzida livremente do idioma inglês em função da inexistência de tradução no idioma português.

CIP-BRASIL. CATALOGAÇÃO NA FONTE

Meyer. Joyce
M612 A palavra, O nome, O sangue / Joyce Meyer;
      tradução de Maria Lucia Godde / Idiomas & Cia. –
      Belo Horizonte: Bello Publicações, 2014.
      168p.
      Título original: The word, The name, The blood

      1. Palavra de Deus. 2. Nome de Jesus. 3. Sangue
      de Jesus. I. Título.

ISBN: 978-85-61721-85-5

CDD: 234.2   CDU: 230.112

SUMÁRIO

Prefácio 7
Introdução 9

PARTE I: A PALAVRA 11
1. Transformado pelo Poder da Palavra 13
2. A Arma da Palavra 19
3. Guerra Espiritual à Maneira de Deus 27
4. Armas Espirituais para uma Guerra Espiritual 41

PARTE II: O NOME 51
5. Seu Glorioso Nome 53
6. Exercendo Autoridade no Nome 63
7. Para Usar Legalmente o Nome, Você Precisa
   Estar "Casado"! 75
8. A Obediência e o Nome de Jesus 87
9. O Que Há em Um Nome? 95

Parte III: O Sangue 109
10. Oh, o Sangue! 111
11. O Que Há de Tão Especial no Sangue de Jesus? 115
12. Por Que Satanás Tem Medo do Sangue? 127
13. Protegido pelo Sangue 135
14. A Aliança de Sangue 147
15. Fatos Interessantes Sobre o Sangue 157

Conclusão 165
Sobre a Autora 167

PREFÁCIO

Um dia, há muitos anos, Deus repentinamente trouxe uma impressão ao meu coração sobre a necessidade do Seu povo estar bem informado com relação ao poder que há na Sua Palavra, no Seu nome e no Seu sangue. Ele despertou em mim a ideia de produzir três fitas musicais: uma contendo canções sobre a Palavra, outra com canções sobre o Nome, e outra enfatizando o sangue de Jesus.

Ele começou a me mostrar o quanto é importante que o Seu povo esconda no seu coração canções e passagens bíblicas sobre a Palavra, o nome e o sangue, a fim de poderem estar bem equipados para a guerra espiritual dos tempos do fim.

Embora o nosso ministério seja principalmente de ensino e não de música, eu sabia que Deus havia falado comigo, por isso fomos em frente para cumprirmos a tarefa que nos havia sido designada. Consultando e trabalhando em cooperação com nosso líder de louvor e outros cantores e músicos de talento, produzimos a primeira fita intitulada "Oh, o Sangue". Cada canção falava sobre o sangue de Jesus. Algum tempo depois, produzimos a segunda fita intitulada "O Seu Glorioso

Nome", contendo canções sobre o nome de Jesus. Depois, finalmente, veio "A Palavra Viva", contendo canções sobre a Palavra de Deus.

Durante a produção dessas fitas de música, que hoje se encontram disponíveis ao Corpo de Cristo por meio do nosso ministério, o Senhor também começou a me estimular a escrever um livro que as acompanhasse sobre a Palavra, o nome e o sangue. Ofereço este livro humildemente, sabendo que esses são temas preciosos. Oro para que eu possa receber graça do Deus Todo-Poderoso para fazer justiça a cada um ao falar desses temas com temor e assombro reverentes.

Você encontrará as páginas a seguir cheias de referências bíblicas... Esconda-as em seu coração e elas estarão à sua disposição quando precisar delas.

INTRODUÇÃO

Certamente estamos vivendo nos últimos dias, e a Bíblia nos ensina que os ataques de Satanás se intensificarão durante esses tempos perigosos. Como podemos nos defender? Quais são as nossas armas de ataque e de defesa? Como podemos nós, como cristãos, nos proteger e proteger nossos entes queridos durante esses ataques dos tempos do fim?

Satanás lança ataques muito pessoais. Ele ataca o nosso casamento, nossos filhos, nosso trabalho e as nossas propriedades. Nossa mente é também um de seus alvos favoritos, assim como as emoções e o nosso corpo físico. Na verdade, a lista é interminável.

O inimigo é mestre na arte do engano. Ele mente, engana e rouba (João 10:10, João 8:44). Ele planeja uma estratégia e está disposto a investir longos períodos arquitetando o seu plano.

Será que Deus nos deixou indefesos? Será que precisamos passar todo o nosso tempo lutando contra o diabo, ou podemos realmente desfrutar a vida no mundo de hoje?

Creio que Deus tem um plano glorioso para o Seu povo. Ele estabeleceu na Sua Palavra que Seus filhos serão cabeça e não cauda, que estarão por cima e não por baixo (Deuteronômio 28:13). Deus pretende trabalhar por meio de nós para derrotar o inimigo. Ele fará isso, por nosso intermédio! Efésios 3:10 nos dá uma percepção desta verdade: "A intenção dessa graça era que agora, mediante a igreja, a multiforme sabedoria de Deus se tornasse conhecida dos poderes e autoridades nas regiões celestiais".

Deus é sábio; Ele é a própria sabedoria, e a sabedoria tem um plano que restaurará todas as coisas à Sua ordem e propósito original. Ele executará esse plano por intermédio da Igreja. Derrotará o diabo através da Sua multiforme sabedoria, a qual fará conhecida dos principados e potestades através da Igreja.

Cristo é o Cabeça da Igreja, e nós somos o Corpo. Nós, assim como o corpo físico, devemos ouvir o Cabeça e agir de acordo com Ele. Há muitos aspectos na guerra espiritual. O meu propósito neste livro não é abordar todos eles, mas chamar a sua atenção para três áreas específicas que são da máxima importância — a Palavra, o nome e o sangue — armas de ataque e defesa contra o inimigo e todos os seus exércitos.

PARTE I

A Palavra

1

TRANSFORMADO PELO PODER DA PALAVRA

> Pelo que, despojando-vos de toda sorte de imundícia e de todo vestígio do mal, recebei com mansidão a palavra em vós implantada, a qual é poderosa para salvar as vossas almas.
>
> Tiago 1:21, AA

Quando alguém nasce de novo, Deus não terminou a Sua obra nele; Ele está apenas começando. Depois do Novo Nascimento, essa pessoa é entregue ao Espírito Santo para ser transformada. A ferramenta que o Espírito Santo usa para efetuar essa transformação é a Palavra de Deus.

O espírito do novo crente renasceu, foi trazido de volta à vida e ele irá para o céu quando morrer. Agora, ele precisa colocar em prática a sua salvação com reverência e temor (ver Filipenses 2:12). Em outras palavras, sua alma precisa ser salva. Por definição, a alma em geral engloba a mente, a vontade e as emoções. Cada uma dessas áreas precisa de salvação. De acordo com as Escrituras, a mente precisa ser renovada pela Palavra de Deus.

RENOVANDO A MENTE PELA PALAVRA

Não se amoldem ao padrão deste mundo, mas transformem-se pela renovação da sua mente, para que sejam capazes de experimentar e comprovar a boa, agradável e perfeita vontade de Deus.

ROMANOS 12:2

Deus tem um bom plano já estabelecido para cada um de nós, mas nunca o desfrutaremos a não ser que nossa mente seja renovada com a Palavra, que são os pensamentos e as ideias de Deus sobre todas as coisas. Quando a nossa mente é renovada com a Sua Palavra, pensamos os pensamentos dele!

Quando a mente é renovada, uma área da alma foi salva. O Espírito Santo trabalha incansavelmente para levar a totalidade do homem à vontade perfeita de Deus. Esse processo é mencionado como a santificação, ou a salvação da alma. Ele não apenas trabalha para renovar a mente, mas também a vontade e as emoções.

A RENOVAÇÃO GERA LIBERTAÇÃO

Ora, o Senhor é o Espírito e, onde está o Espírito do Senhor, ali há liberdade. E todos nós, que com a face descoberta contemplamos a glória do Senhor, segundo a sua imagem estamos sendo transformados com glória cada vez maior, a qual vem do Senhor, que é o Espírito.

2 CORÍNTIOS 3:17-18

Nestas Escrituras, vemos que o Espírito deseja nos levar à liberdade e nos libertar completamente. Também vemos que essa liberdade é alcançada à medida que examinamos a Palavra de Deus. Somos transfigurados, passando sempre de um nível de glória a outro. Essa mudança é obra do Espírito, e a Sua ferramenta é a Palavra de Deus.

Você e eu não podemos mudar nem ser assim transformados, sem a Palavra. Não podemos transformar a nós mesmos; só Deus pode nos transformar. É o poder da Sua Palavra que gera transformação. Há um poder na Palavra de Deus para nos transformar e salvar a nossa alma.

Ame a Palavra, estude a Palavra, aprenda a Palavra – ela é um tesouro precioso e deve ser sempre respeitada e honrada.

Amo profundamente a Palavra. As palavras de Jesus conforme registradas em João 8:31,32 são uma realidade em minha vida: "... Se vocês permanecerem firmes na minha palavra, verdadeiramente serão meus discípulos. E conhecerão a verdade, e a verdade os libertará". A Palavra também é chamada de a Verdade. Aprendi a verdade à medida que estudava a Palavra de Deus ao longo dos anos. O engano foi revelado em minha vida, e a verdade me libertou.

Eis um exemplo: eu achava que precisava ter um desempenho perfeito se quisesse receber o amor e a aprovação de Deus. Eu me sentia bem comigo mesma quando estava fazendo alguma coisa e me odiava quando não estava. Durante a maior parte do tempo, eu estava na verdade fracassando em alguma coisa; até as ofensas menores faziam com que eu me sentisse culpada e condenada.

Aprendi a verdade à medida que aprendi a Palavra de Deus. Descobri que eu não precisava ter um desempenho perfeito porque Jesus já havia sido feito um sacrifício perfeito por mim. Aprendi que deveria fazer o meu melhor e colocar a minha fé em Jesus. Também aprendi que embora eu cometesse erros, Ele olhava para o meu coração e sabia que eu o amava e queria fazer tudo perfeitamente certo. Ele também sabia que eu não podia ter um comportamento perfeito por causa da fraqueza da minha carne, por isso entendia e estava sempre disposto a me perdoar se eu confiasse nele.

Por fim, essa verdade me libertou da culpa, da condenação, da autorrejeição, do ódio por mim mesma, e das obras da carne.

Aprendi por experiência própria que a verdade – a Palavra de Deus – realmente tem o poder de libertar!

SATANÁS ODEIA E TEME A PALAVRA

> O semeador semeia a palavra. Algumas pessoas são como a semente à beira do caminho, onde a palavra é semeada. Logo que a ouvem, Satanás vem e retira a palavra nelas semeada.
>
> MARCOS 4:14-15

O crente que conhece a Palavra representa uma enorme derrota para Satanás. A obra do diabo na vida do cristão se baseia no engano. O engano é resultado de mentiras nas quais a pessoa acredita. Enquanto acreditei em equívocos, fui enganada. Quando aprendi a verdade, o engano foi revelado, e fui liberta. Satanás odeia e teme a Palavra. Ele fará todo o possível para impedir que aprendamos a Palavra de Deus.

Se a ouvirmos ou estudarmos, o diabo imediatamente tentará roubá-la de nós. Ele não quer que a Palavra crie raízes em nossos corações e comece a produzir bons frutos em nossas vidas.

Amados, precisamos estar informados sobre o quanto o inimigo odeia e teme a Palavra de Deus. Esse conhecimento nos tornará mais determinados do que nunca a fazer da Palavra de Deus uma prioridade em nossas vidas.

Se Satanás trabalha com tanto afinco para nos afastar da Palavra, então, deve haver uma boa razão para isso. O motivo é simples: ele sabe que a Palavra de Deus é uma arma poderosa contra ele. Ela garante a sua derrota! É por isso que é imperativo aprendermos a empunhar a espada do espírito.

A PALAVRA DE DEUS É LUZ E VIDA

> Pois a palavra de Deus é viva e eficaz, e mais afiada que qualquer espada de dois gumes; ela penetra até o ponto de dividir alma e espírito, juntas e medulas, e julga os pensamentos e intenções do coração.
>
> HEBREUS 4:12

A Palavra de Deus é luz; ela domina as trevas. A Palavra de Deus é vida; ela vence a morte.

Quando começamos a aprender a Palavra, ela começa a dividir as coisas para nós; ela começa a separar a verdade das mentiras. Como resultado, começamos a distinguir o que é do Espírito e o que é da alma. Logo sabemos quais são os atos aprovados por Deus e quais são os atos desaprovados por Ele.

A Palavra expõe os motivos, os pensamentos e as palavras erradas.

Os versículos 1, 4 e 5 de João 1 nos dizem que "No princípio era aquele que é a Palavra (Cristo). Ele estava com Deus, e era Deus [...] Nele estava a vida, e esta era a luz dos homens. A luz brilha nas trevas, e as trevas não a derrotaram".

O motivo pelo qual Satanás odeia e teme tanto a Palavra de Deus é porque ela é luz, e ele só pode existir nas trevas. Por isso é tão necessário aprendermos a usar a Palavra de Deus — porque ela é uma arma espiritual.

2

A ARMA DA PALAVRA

Finalmente, fortaleçam-se no Senhor e no seu forte poder. Vistam toda a armadura de Deus, para poderem ficar firmes contra as ciladas do diabo, pois a nossa luta não é contra seres humanos mas contra os poderes e autoridades, contra os dominadores deste mundo de trevas, contra as forças espirituais do mal nas regiões celestiais.

Por isso, vistam toda a armadura de Deus, para que possam resistir no dia mau e permanecer inabaláveis, depois de terem feito tudo. Assim, mantenham-se firmes, cingindo-se com o cinto da verdade, vestindo a couraça da justiça e tendo os pés calçados com a prontidão do evangelho da paz.

Além disso, usem o escudo da fé, com o qual vocês poderão apagar todas as setas inflamadas do Maligno.

Usem o capacete da salvação e a espada do Espírito, que é a palavra de Deus. Orem no Espírito em todas as ocasiões, com toda oração e súplica; tendo isso em mente, estejam atentos e perseverem na oração por todos os santos.

EFÉSIOS 6:10-18

Essa passagem nos ensina sobre a armadura de Deus e a guerra espiritual. Nela, somos instruídos a usar diversas peças da armadura que são descritas como sendo uma proteção contra os principados e potestades — os seres malignos.

Cada uma delas é uma arma de defesa. A couraça da justiça, o cinturão da verdade (que seria a Palavra, uma vez que a Palavra de Deus é a Verdade), as sandálias do evangelho da paz, o escudo da fé, o capacete da salvação, a oração. Só há uma arma de ataque — a espada que o Espírito empunha que é a Palavra de Deus (ver Efésios 6:17).

Uma espada é uma arma com a qual se ataca o inimigo. Quando está na bainha não tem valor algum. Ela precisa ser empunhada, ou desembainhada e usada da maneira adequada. A Palavra de Deus é a espada do crente, e ele precisa aprender a aplicá-la com precisão.

A versão *Amplified Bible* da Bíblia declara em Efésios 6:17 que é o Espírito quem empunha a espada. O que isto significa? No meu entender significa que o Espírito Santo habita no crente e sabe exatamente qual Escritura usar em cada situação. Ele sabe precisamente que tipo de ataque o crente está enfrentando, e até que tipo de demônio foi designado para trazer destruição ou tormento para a vida dele.

Em minha própria vida, vejo que quando estou diante de problemas ou desafios, as Escrituras ou canções baseadas nas Escrituras surgem dentro de mim. Aprendi a declará-las, a cantá-las ou a meditar nelas até mesmo quando não sei especificamente o que pode estar acontecendo na dimensão espiritual.

O Espírito Santo costuma proteger uma pessoa contra o ataque antes mesmo de ele tornar-se evidente para ela, caso ela tenha aprendido a empunhar a espada do Espírito. No momento em que ela faz isso, o Espírito Santo aplica a passagem bíblica correta para o problema. Por exemplo, se uma pessoa se sente mal-humorada e impaciente, passagens bíblicas sobre prosperidade não irão ajudá-la. Mas Escrituras sobre amabilidade, amor e também sobre não se deixar levar pelos sentimentos, essas a fortalecerão e ajudarão a andar em vitória acima dos seus sentimentos.

O VALOR INCOMENSURÁVEL DE CONHECERMOS AS ESCRITURAS

> As armas com as quais lutamos não são humanas; ao contrário, são poderosas em Deus para destruir fortalezas. Destruímos argumentos e toda pretensão que se levanta contra o conhecimento de Deus, e levamos cativo todo pensamento, para torná-lo obediente a Cristo.
>
> 2 Coríntios 10:4-5

Essa porção da Bíblia em 2 Coríntios que fala do verdadeiro conhecimento de Deus se refere à Palavra de Deus. A Palavra de Deus é o verdadeiro conhecimento dele, dos Seus caminhos e do Seu caráter.

De acordo com a Bíblia, Satanás procura construir fortalezas em nossas mentes. Fortalezas são mentiras nas quais acreditamos. Uma pessoa que acredita em uma mentira está enganada. Quando alguém acredita que o errado é certo, ela caiu no engano. Satanás opera por meio do engano, mas o conhecimento da Palavra é a defesa e a vitória do crente.

Nenhuma pessoa viverá uma vida realmente vitoriosa sem ser um estudioso sincero da Palavra do Deus Todo-Poderoso.

A PALAVRA COMO UMA ROCHA

> Aquele que é a Palavra tornou-se carne e viveu entre nós. Vimos a sua glória, glória como do Unigênito vindo do Pai, cheio de graça e de verdade.
>
> João 1:14

Nessa passagem de João 1:14 vemos que Jesus é a Palavra que se fez carne, que veio habitar entre os homens. Em outra parte das Escrituras vemos Jesus sendo mencionado como sendo "a Rocha", ou uma pedra, como em Lucas 20:17, na qual Ele é chamado de a pedra fundamental de esquina ou a "pedra angular".

Os cristãos cantam músicas e fazem afirmações referindo-se a si mesmos como pessoas firmadas na rocha: "Jesus é a rocha da nossa salvação...", [1] "a rocha firme onde estou firmado",[2] e assim por diante.

Deus me deu uma revelação na Sua Palavra de que podemos apedrejar nossos inimigos, os pensamentos enganosos de Satanás, até à morte com a Palavra. Se Jesus é a Palavra que se fez carne, e se Ele é a Rocha, então cada porção da Palavra é como uma pedra, assim como cada pedaço de rocha pode ser chamado de uma pedra.

---

[1] Tradução livre de "The Solid Rock", de William B. Bradbudry, Copyright 1976 por Paragon Associates, Inc.
[2] Tradução livre de "Blessed Be The Rock" por Daniel Gardner, Copyright 1985 por Hosanna! Music, da Integrity.

Lembre-se de que Davi derrotou Golias com uma pedra lisa e uma pontaria precisa. Foram dadas instruções aos israelitas em Deuteronômio 13 quanto a como lidar com o inimigo. Os versículos 8 a 10 dizem: "Não se deixe convencer nem ouça o que ele diz. Não tenha piedade nem compaixão dele e não o proteja. Você terá que matá-lo. Seja a sua mão a primeira a levantar-se para matá-lo, e depois as mãos de todo o povo. Apedreje-o até a morte, porque tentou desviá-lo do Senhor, o seu Deus, que o tirou do Egito, da terra da escravidão".

Você e eu podemos "apedrejar" nossos inimigos até à morte arremessando a Palavra em Satanás com a nossa boca, de acordo com Deuteronômio 30:14: "A palavra está bem próxima de vocês; está em sua boca e em seu coração...".

Aprenda a Palavra e permita que o Espírito Santo em você a empunhe — como a espada do Espírito — falando, cantando ou meditando os trechos das Escrituras que você sente que Ele está colocando no seu coração.

Deus costuma trabalhar em cooperação com o homem; somos parceiros de Deus. Ele nos mostrará o que devemos fazer, mas não o fará por nós, na maioria dos casos. Ele nos capacitará, ensinará, orientará, guiará e nos conduzirá, mas no fim das contas nós precisaremos dar um passo de fé e agir com base nas Suas instruções.

Declare a Palavra! Declare a Palavra! Declare a Palavra!

Todos os dias, você deve declarar a Palavra, orar a Palavra, amar a Palavra e honrar a Palavra. Ela é a espada de dois gumes, sua arma de ataque com a qual você pode se defender. Se mantiver sua espada desembainhada, o inimigo não se aproximará de você com tanta rapidez.

A ESPADA DE DOIS GUMES

Regozijem-se os seus fiéis nessa glória e em seus leitos cantem alegremente! Altos louvores estejam em seus lábios e uma espada de dois gumes em suas mãos.

SALMOS 149:5-6

Nesta passagem o salmista nos dá uma imagem da posição que os santos de Deus devem assumir — tendo cânticos de louvor e adoração em seus lábios e a espada de dois gumes da Palavra em suas mãos. No restante do salmo ele prossegue dando a entender que essa posição é tomada pelos santos a fim de derrotar seus inimigos.

A ESPADA NA BOCA DE JESUS

No dia do Senhor achei-me no Espírito e ouvi por trás de mim uma voz forte, como de trombeta, que dizia: Escreva num livro o que você vê e envie a estas sete igrejas: Éfeso, Esmirna, Pérgamo, Tiatira, Sardes, Filadélfia e Laodicéia.

Voltei-me para ver quem falava comigo. Voltando-me, vi sete candelabros de ouro e entre os candelabros alguém "semelhante a um filho de homem", com uma veste que chegava aos seus pés e um cinturão de ouro ao redor do peito.

Sua cabeça e seus cabelos eram brancos como a lã, tão brancos quanto a neve, e seus olhos eram como chama de fogo. Seus pés eram como o bronze numa fornalha ardente e sua voz como o som de muitas águas.

> Tinha em sua mão direita sete estrelas, *e da sua boca saía uma espada afiada de dois gumes.* Sua face era como o sol quando brilha em todo o seu fulgor.
>
> APOCALIPSE 1:10-16, GRIFO DA AUTORA

A imagem do Cristo vitorioso e glorificado apresentada no livro de Apocalipse o retrata com a espada afiada de dois gumes saindo de Sua boca.

GUERREANDO COM A PALAVRA

Vi os céus abertos e diante de mim um cavalo branco, cujo cavaleiro se chama Fiel e Verdadeiro. Ele julga e guerreia com justiça.

Seus olhos são como chamas de fogo, e em sua cabeça há muitas coroas e um nome que só ele conhece, e ninguém mais. Está vestido com um manto tingido de sangue, e o seu nome é Palavra de Deus.

Os exércitos do céu o seguiam, vestidos de linho fino, branco e puro, e montados em cavalos brancos. De sua boca sai uma espada afiada, com a qual ferirá as nações. "Ele as governará com cetro de ferro". Ele pisa o lagar do vinho do furor da ira do Deus todo-poderoso.

Em seu manto e em sua coxa está escrito este nome: REI DOS REIS E SENHOR DOS SENHORES. (...)

Então vi a besta, os reis da terra e os seus exércitos reunidos para guerrearem contra aquele que está montado no cavalo e contra o seu exército. Mas a besta foi presa, e com ela o falso profeta que havia realizado os sinais miraculosos em nome dela, com os quais

ele havia enganado os que receberam a marca da besta e adoraram a imagem dela. Os dois foram lançados vivos no lago de fogo que arde com enxofre.
Os demais foram mortos com a espada que saía da boca daquele que está montado no cavalo. E todas as aves se fartaram com a carne deles.

APOCALIPSE 19:11-16, 19-21

O exame dessa passagem revela prontamente que Jesus está guerreando nos lugares celestiais e que a Palavra, o nome e o sangue estão presentes e estão sendo exaltados, exatamente como deveriam estar sendo exaltados em nossas vidas diárias aqui na terra.

3

GUERRA ESPIRITUAL À MANEIRA DE DEUS

> ... qual ele é, somos também nós neste mundo.
>
> 1 João 4:17, AA

Se a guerra de Cristo nas regiões celestiais é travada por intermédio do uso e da exaltação da Palavra, do nome e do sangue, então nossa guerra espiritual aqui na terra deve ser conduzida da mesma maneira. Creio ser vital para o Cristianismo vitorioso nestes tempos do fim que os crentes conheçam o valor da Palavra, do nome e do sangue, usando-os como nunca usaram antes. Devemos não apenas usá-los, mas depender deles colocando neles a nossa fé.

Colocar a nossa fé na Palavra de Deus é algo que o honra. Jesus é o Poderoso Guerreiro, o Capitão do Exército. Ele é o nosso Líder, e está conduzindo Seu povo à vitória. Não creio ser necessário vivermos com medo nestes últimos dias. Por mais difícil que a vida possa parecer, Deus prometeu suprir as necessidades dos Seus. Ele nos garantiu que podemos viver em vitória se mantivermos nossos olhos nele.

Um dos significados de manter os nossos olhos nele está em guardarmos os Seus caminhos e andarmos segundo as Suas instruções. Ao longo de toda a Bíblia nos é dito para exaltarmos a Palavra, o nome e o sangue, para colocarmos a nossa confiança no poder que está investido neles.

Andaremos em vitória se fizermos o que o Senhor diz.

PERMANECENDO E OBEDECENDO

> Aquele que habita no abrigo do Altíssimo e descansa à sombra do Todo-poderoso...
>
> SALMOS 91:1

A guerra espiritual se tornou quase um pesadelo. Existem tantos ensinamentos sobre como devemos lutar nessa guerra que o assunto por si só acaba se tornando confuso se não voltarmos às Escrituras e redescobrirmos as instruções do nosso Capitão sobre ele. Deus nunca complica nada; é o homem que complica as coisas. Se a sua vida é complicada ou confusa, você está saindo dos trilhos em algum ponto. O caminho pelo qual somos instruídos a seguir é o que conduz à justiça, à paz e à alegria — e não à complicação nem à confusão.

Há vários anos, eu estava completamente esgotada por tentar lutar contra o diabo. Havia aprendido muitos "métodos" de guerra espiritual; entretanto, eles pareciam não estar funcionando. Eu sempre digo que repreendia o inimigo até ficar esgotada, mas ainda assim parecia não estar do lado vencedor daquela guerra.

O Espírito Santo começou a me direcionar a estudar a Palavra e a analisar como Jesus lidava com o diabo. Como Ele combatia essa guerra espiritual? Descobri algumas verdades interessantes. Por exemplo, que o nosso Senhor não perdia Seu tempo falando sobre o diabo ou sobre o que ele estava fazendo. Em vez disso, Ele simplesmente permanecia na presença de Deus.

A Bíblia diz que estamos protegidos dos ataques do inimigo enquanto permanecemos na presença de Deus. O Salmo 91 nos mostra essa verdade claramente. Eu o encorajo a lê-lo com frequência.

Também aprendi que Jesus andava em obediência a Seu Pai. A passagem de Tiago 4:7 geralmente é *citada* da seguinte maneira: "Resistam ao diabo, e ele fugirá de vocês." Entretanto, percebi que na verdade o texto bíblico completo diz: "Portanto, *submetam-se a Deus*. Resistam ao diabo, e ele fugirá de vocês" (grifo da autora). Eu estava usando todos os métodos de guerra espiritual de que havia ouvido falar; estava ocupada repreendendo e resistindo, mas não estava tão ocupada obedecendo.

Somos revestidos de poder à medida que permanecemos na presença do Senhor. Passar tempo regular e de qualidade com Deus é uma das coisas mais importantes que nós, crentes, podemos aprender a fazer. Somos revestidos de poder à medida que obedecemos ao Senhor por meio do Espírito Santo, que nos ajuda nesse processo.

Eu o encorajo a estudar a respeito da guerra espiritual, mas lembre-se sempre de que se não há poder fluindo através dos métodos de batalha, eles são como cascas vazias.

O LOUVOR DERROTA O INIMIGO

Abraão, contra toda esperança, em esperança creu, tornando-se assim pai de muitas nações, como foi dito a seu respeito: "Assim será a sua descendência."

Sem se enfraquecer na fé, reconheceu que o seu corpo já estava sem vitalidade, pois já contava cerca de cem anos de idade, e que também o ventre de Sara já estava sem vigor.

Mesmo assim não duvidou nem foi incrédulo em relação à promessa de Deus, mas foi fortalecido em sua fé e deu glória a Deus, estando plenamente convencido de que ele era poderoso para cumprir o que havia prometido. Em consequência, "isso lhe foi creditado como justiça".

ROMANOS 4:18-22, GRIFO DA AUTORA

Nesta passagem, vemos Abraão esperando que o seu milagre acontecesse. O diabo estava atacando-o com dúvida e incredulidade. Podemos imaginar o estado mental em que ele devia estar — com pensamentos golpeando sua mente e lhe dizendo que Deus não faria o que prometeu.

Abraão estava sendo atacado. Como ele combateu nessa guerra espiritual? Ele deu louvor e glória a Deus e, ao fazer isso, foi revestido de poder!

Foi isso que Jesus fez quando também confiou Sua vida a Deus. Outra maneira utilizada por Jesus para conduzir a guerra espiritual foi permanecer no descanso de Deus, o que, em outras palavras, significa permanecer em paz independentemente da situação.

DESCANSANDO NO SENHOR

> Naquele dia, ao anoitecer, disse ele aos seus discípulos: "Vamos atravessar para o outro lado".
> Deixando a multidão, eles o levaram no barco, assim como estava. Outros barcos também o acompanhavam.
> Levantou-se um forte vendaval, e as ondas se lançavam sobre o barco, de forma que este foi se enchendo de água. Jesus estava na popa, dormindo com a cabeça sobre um travesseiro. Os discípulos o acordaram e clamaram: "Mestre, não te importas que morramos?"
> Ele se levantou, repreendeu o vento e disse ao mar: "Aquiete-se! Acalme-se!" O vento se aquietou, e fez-se completa bonança.
>
> MARCOS 4:35-39

Você deve se lembrar desse incidente no qual Jesus estava em um barco com os discípulos e disse-lhes: "Vamos atravessar para o outro lado do lago." Jesus esperava que eles tivessem fé para acreditar que aquela palavra dita por Ele aconteceria.

Uma tempestade levantou-se enquanto eles estavam a caminho, e os discípulos ficaram muito assustados e perderam a paz. Jesus, porém, estava totalmente em paz e dormia na parte traseira do barco. Eles o acordaram com muito medo, e as primeiras palavras do Mestre foram: "Aquiete-se! Acalme-se!" Ele estava se dirigindo ao vento e ao mar, e embora a Bíblia não diga isso, imagino que Ele também estava falando com os Seus discípulos.

Este exemplo se correlaciona com a nossa vida e com as circunstâncias pelas quais passamos. Deus nos dá uma direção, e nós partimos rumo à linha de chegada. Mas enquanto estamos a caminho, levantam-se tempestades inesperadas. Nesses momentos estressantes, nossa guerra contra o inimigo só poderá ter êxito à medida que aprendermos a permanecer em paz. "Fiquem em paz" é uma expressão usada frequentemente na Palavra quando o Senhor instruía o Seu povo. Até aprendermos a "ficar em paz", não ouviremos muito bem a voz de Deus.

Filipenses 1:28 nos mostra claramente essa verdade: "Sem de forma alguma deixar-se intimidar por aqueles que se opõem a vocês. Para eles isso é sinal de destruição, mas para vocês, de salvação, e isso da parte de Deus".

Se você ler esse versículo lentamente e digeri-lo, verá que a nossa vitória está em permanecermos constantes. O diabo não pode controlar um crente pacífico, firme e destemido, cuja confiança está no Senhor. Entrar no descanso de Deus é realmente entrar em guerra contra as forças das trevas.

Lembre-se de que Efésios 6 nos ensina a nos revestirmos da armadura que Deus providenciou para nós como soldados do Seu exército. Os sapatos que Deus nos dá são mencionados como as "sandálias da paz" — sapatos que representam o caminhar; portanto, devemos andar em paz. Ao fazer isso, já teremos pelo menos uma peça da nossa armadura no lugar.

ANDANDO EM AMOR

> ... e andai em amor, como Cristo também vos amou, e se entregou a si mesmo por nós, como oferta e sacrifício a Deus, em cheiro suave.
>
> EFÉSIOS 5:2, AA

Outra verdade poderosa que o Espírito Santo me ensinou sobre a guerra espiritual diz respeito a andar em amor.

Mateus 24 é um capítulo da Bíblia que nos ensina sobre os sinais dos tempos do fim que devemos observar. Você sem dúvida ouviu ensinamentos sobre esses diversos sinais. Devemos observar coisas como as guerras e rumores de guerras, os terremotos em muitos lugares, a fome generalizada etc.

Mas existe outro sinal dos tempos do fim, descrito em Mateus 24, sobre o qual nunca ouvi ninguém ensinar. E à medida que Deus começou a me dar uma revelação sobre ele, fiquei impressionada por estudar a Palavra por tanto tempo sem jamais ter visto isso. A Bíblia diz em Mateus 24:12: "Devido ao aumento da maldade, o amor de muitos esfriará." Um dos sinais dos tempos do fim é que o amor entre o povo de Deus se esfriará.

Satanás sabe que *andar em amor* reveste os crentes de poder. Mais uma vez, fui convencida pelo Espírito Santo de que eu não estava nem de longe tão preocupada em andar em amor quanto estava em colocar em prática todos os outros métodos de guerra espiritual sobre os quais havia aprendido. Não somos instruídos a falar sobre o amor e a teorizar sobre ele — devemos *andar* em amor. É muito simples: devemos apenas amar!

Por que Satanás se importaria com o amor? Gálatas 5:6 nos diz que a fé opera ou é ativada ou intensificada por meio do amor. Veja, podemos até aprender sobre a fé e nos concentrarmos em aperfeiçoá-la, mas ainda assim não seremos poderosos caso não saibamos que o amor é a força que flui através da fé.

Em 1 Coríntios 13:2 o apóstolo Paulo prova essa verdade quando diz: "Ainda que eu tenha o dom de profecia e saiba todos os mistérios e todo o conhecimento, e tenha uma fé capaz de mover montanhas, se não tiver amor, nada serei".

O AMOR COMO FRUTO DO ESPÍRITO

> Mas o fruto do Espírito é amor...
>
> GÁLATAS 5:22

Passei por um período em minha vida no qual eu estava muito preocupada com os dons do Espírito. Eu os estudava, buscava, orava por eles e tentava agir a partir deles. Devo acrescentar que nada disso era errado, pois a versão Almeida Corrigida Fiel da Bíblia nos ensina em 1 Coríntios 12:31 a procurar "com zelo os melhores dons", e a versão em inglês *Amplified Bible* diz para procurarmos com zelo e cuidadosamente cultivar aquilo a que se refere mais adiante, em 1 Coríntios 14:1, como os "dons espirituais".

O amor é um fruto do Espírito. Quando buscamos e desenvolvemos dons sem fruto, estamos em desequilíbrio — e, devo acrescentar, também estamos fora da ordem estabelecida por Deus. A passagem de 1 Coríntios 12 começa a nos dar instruções sobre os dons do Espírito — o que eles são e qual o propósito deles. Poderíamos dizer que o capítulo 12 estimula o nosso apetite espiritual. Depois, o capítulo 13 nos ensina sobre o amor. Em seguida, o capítulo 14 começa com: "Sigam o caminho do amor e busquem com dedicação os dons espirituais, principalmente o dom de profecia" (v. 1).

Você perceberá que o amor (ou fruto) vem primeiro e os dons vêm depois. Eu havia caído na armadilha na qual muitos cristãos caem: meu ensinamento era correto, mas havia sido colocado na ordem errada. Eu tentava desesperadamente derrotar o diabo porque o encontrava no meu caminho, em todas as direções para onde olhava. Aplicava ardorosamente os métodos que havia aprendido — como jejuar, orar, orar em concordância, orar coletivamente (se dois não conseguem, então chame um grupo maior!), discernir que demônio específico estava me atacando, repreender e resistir aos espíritos malignos etc.

Eu estava tratando com principados e potestades locais e outras coisas do gênero. E, mais uma vez, quero dizer que todas essas coisas em si mesmas podem não estar erradas — mas se apenas aprendermos métodos e não andarmos como Jesus andou, teremos métodos sem poder, fórmulas vazias que nos esgotam e não geram resultados, a não ser, talvez, uma dor de garganta.

Recentemente ouvi falar de uma congregação inteira que supostamente estava sendo levada à guerra espiritual em todos os cultos. Eles passavam o tempo todo em que estavam juntos guerreando contra todos os demônios que estavam lhes causando problemas até praticamente perderem a voz de tanto gritar com o diabo! Isso parece bastante ridículo, mas consigo me identificar com eles, porque fiz a mesma coisa. Lembro-me muito bem de gritar tanto com o diabo no que eu *pensava* ser uma guerra espiritual que no fim acabava ficando rouca.

LIGANDO E DESLIGANDO

> Eu lhe darei as chaves do Reino dos céus; o que você ligar na terra terá sido ligado nos céus, e o que você desligar na terra terá sido desligado nos céus.
>
> Mateus 16:19

> De fato, ninguém pode entrar na casa do homem forte e levar dali os seus bens, sem que antes o amarre. Só então poderá roubar a casa dele.
>
> Marcos 3:27

"Ligar e desligar" fazia parte de outro princípio espiritual que me foi ensinado muito cedo em minha jornada com o Senhor, por isso eu ficava ligando e desligando o tempo todo — ligando o que eu queria e desligando o que eu não queria.

O ensinamento sobre ligar e desligar não é errado se for ensinado de forma coerente. Mas quando conheci essas passagens bíblicas e aprendi sobre a minha "autoridade como crente", comecei a ligar e desligar tudo que eu via! Também fui ficando cada vez mais frustrada porque, como mencionei, *eu não via resultados!*

Então, certo dia, li Mateus 16:19 na versão da Bíblia em língua inglesa *Amplified Bible*, e imediatamente a luz foi lançada sobre o problema. Nessa passagem, Jesus está falando a Pedro, que havia acabado de identificá-lo como "Cristo, o Filho do

Deus vivo" (v. 16). Jesus diz que Pedro é abençoado por essa verdade ter sido revelada a ele por Deus e não pelo homem. Então, com base nessa afirmação de fé, Jesus prossegue dizendo a Pedro no versículo 19: "Eu te darei as chaves do reino dos céus; e tudo o que ligares (declarares impróprio e ilegal) na terra deve ser o que já está ligado no céu, e tudo que você desligar (declarar legal) na terra deve ser o que já está desligado no céu".

Em outras palavras, o que esse versículo está dizendo a você e a mim é que temos autoridade como crentes para trazer a vontade do céu para a terra agindo em parceria com Deus. Ele está no céu, e nós na terra. Porque o Seu Espírito está em nós e por termos a Sua Palavra, podemos saber qual é a Sua vontade. Temos autoridade na terra para colocar a vontade do céu em ação. O que Deus liga ou desliga no céu — o que Ele permite ou não permite — isto, e tão somente isto, é o que podemos permitir ou não aqui na terra.

Mais uma vez, eu tinha a mensagem correta, mas na ordem errada. Eu havia aprendido sobre minha autoridade, mas não sobre minha submissão à vontade de Deus. Creio que muitos milhares de cristãos vivem vidas confusas e frustradas por terem uma enorme quantidade de ensinamentos, mas não terem nenhum entendimento real de quando ou como aplicá-los. Talvez esta ilustração torne o meu ponto de vista ainda mais claro.

PROSPERIDADE DIVINA

Amado, oro para que você tenha boa saúde e tudo lhe corra bem, assim como vai bem a sua alma.

3 João 2

Fui ensinada sobre a mensagem da prosperidade, que Deus queria que eu tivesse abundância de tudo que é bom — muito dinheiro, aceitação social, boa saúde, bem-estar mental e crescimento espiritual. Sim, era verdade: Deus queria que eu prosperasse de todas as maneiras. Eu sabia que essa era a verdade porque lia isso na Bíblia e era o que os mestres da Bíblia estavam me ensinando. Mas será que eu estava compreendendo completamente o que estava vendo e ouvindo?

Na versão Almeida Corrigida Fiel, esse versículo diz: "Amado, desejo que te vá bem em todas as coisas, e que tenhas saúde, assim como bem vai a tua alma." Parece que eu apenas ouvia que, acima de tudo, Deus queria prosperidade para mim. Não tenho certeza se o ensinamento estava incorreto (desequilibrado), ou se era eu que o ouvia dessa maneira. Aprendi que quando somos carnais (temos a mente carnal), ouvimos com o ouvido carnal. Em outras palavras, quando eu lia essa passagem das Escrituras, eu ouvia: *acima de qualquer coisa Deus quer que eu prospere.* Então eu buscava a prosperidade, e quando ela não vinha eu acreditava que era porque o diabo estava impedindo minhas bênçãos. Assim, eu lutava contra ele e não fazia nenhum progresso.

Agora, quando leio a passagem de 3 João 2, entendo que Deus realmente quer que eu prospere de todas as maneiras, mas Ele não deseja que eu prospere mais nas coisas naturais do que nas espirituais. A prosperidade da alma realmente significa *crescer em Deus e deixar de andar na carnalidade.*

Nesse versículo, o Senhor está dizendo que Ele quer nos prosperar de todas as maneiras. E à medida que crescermos ou prosperarmos espiritualmente, Ele providenciará para que prosperemos ou possamos progredir nas coisas naturais. A ordem de Jesus em Mateus 6:33 prova essa verdade: "Busquem, pois, em primeiro lugar o Reino de Deus e a sua justiça, e todas essas coisas lhes serão acrescentadas."

A Bíblia diz em Deuteronômio 28:2: "Todas estas bênçãos virão sobre vocês e os acompanharão, se vocês obedecerem ao Senhor, o seu Deus." Eu estava buscando as bênçãos quando deveria estar buscando o Senhor. Eu buscava os "Seus presentes" quando deveria buscar a "Sua presença".

VÁRIAS FORMAS DE GUERRA ESPIRITUAL

As nações andarão em sua luz...

APOCALIPSE 21:24

Ao longo dos anos aprendi que buscar a presença de Deus, andar em amor e obediência dando a Ele contínuo louvor — principalmente nos tempos difíceis —, manter a minha paz e permanecer no Seu descanso durante os ataques e os momentos de decepção, conhecer a Palavra de Deus e declará-la com a minha boca (empunhando a espada de dois gumes) são formas de guerra espiritual.

Colocar a fé na Palavra e no poder que há nela também faz parte da guerra espiritual. Nos próximos capítulos você verá como o nome de Jesus e o Seu sangue estão relacionados com a batalha espiritual. Tudo isso faz parte do *poder que precisa fluir através de qualquer método que o Espírito Santo nos impulsione a usar.*

Jejuei e vi resultados tremendos em minha vida. Com certeza creio no poder da oração de concordância, e faço regularmente essa oração. Creio no poder que há quando diversas pessoas se reúnem para orar de comum acordo. Creio em resistir ao diabo e repreendê-lo. Houve vezes em minha vida em que o Espírito Santo se levantou em meu interior e despertou uma ira santa que me levou a guerrear contra espíritos demoníacos, contra os quais obtive êxito.

Quero enfatizar mais uma vez antes de encerrar este capítulo que não sou contra o aprendizado dos diversos métodos de guerra espiritual. Jesus tratou com o diabo de uma série de maneiras, mas o "ponto principal" que estou tentando estabelecer é que precisamos tomar cuidado para não "colocar a carroça na frente dos bois", por assim dizer.

Você descobrirá, como eu, que se der prioridade ao que é realmente importante, como buscar a Deus e andar em amor e obediência, não precisará guerrear no espírito o tempo todo. As trevas não podem vencer a luz. Ande na luz, e o inimigo não poderá ver onde você está (1 João 1:7; 1 João 5:18).

4

ARMAS ESPIRITUAIS PARA UMA GUERRA ESPIRITUAL

> As armas com as quais lutamos não são humanas; ao contrário, são poderosas em Deus para destruir fortalezas.
>
> 2 Coríntios 10:4

Nessa passagem, o apóstolo Paulo diz que as armas da nossa guerra não são carnais. Se elas não são armas carnais ou naturais, então devem ser armas espirituais.

A Palavra de Deus é uma arma espiritual.

Em João 6:63 Jesus disse: "O Espírito dá vida; a carne não produz nada que se aproveite. As palavras que eu lhes disse são espírito e vida." A partir dessa passagem bíblica, podemos aprender que as palavras de Jesus operam na dimensão espiritual, e geram vida.

Provérbios 18:21 diz: "A língua tem poder sobre a vida e sobre a morte; os que gostam de usá-la comerão do seu fruto."

A partir dessa passagem bíblica, vemos que há outras palavras que também operam na dimensão espiritual, mas geram morte.

Palavras são receptáculos de poder! Elas podem conter um poder criativo ou destrutivo. Uma vez que a Palavra de Deus é cheia de vida e de poder que gera vida, uma pessoa sábia aprenderá e falará a Palavra de Deus em lugar de qualquer outra palavra.

A PALAVRA É VIDA E LUZ

> No princípio era aquele que é a Palavra. Ele estava com Deus, e era Deus [...] Nele estava a vida, e esta era a luz dos homens. A luz brilha nas trevas, e as trevas não a derrotaram.
>
> João 1:1, 4-5

A vida vence a morte, e a luz vence as trevas. A Palavra de Deus é vida e luz; assim, ela contém o poder para vencer as trevas e a morte que prevalece na vida das pessoas.

A LUZ VENCE AS TREVAS, A VIDA VENCE A MORTE

> No princípio Deus criou os céus e a terra.
> Era a terra sem forma e vazia; trevas cobriam a face do abismo, e o Espírito de Deus se movia sobre a face das águas.
> *Disse Deus: "Haja luz", e houve luz.* Deus viu que a luz era boa, e separou a luz das trevas.
>
> Gênesis 1:1-4

Vemos um princípio espiritual em operação nos primeiros versículos da Bíblia — a luz vencendo as trevas. A vida vencendo a morte opera da mesma maneira. Derrame luz, e as trevas serão obrigadas a sair. Derrame vida, e a morte terá de sair.

Em Romanos 8:11 lemos: "E, se o Espírito daquele que ressuscitou Jesus dentre os mortos habita em vocês, aquele que ressuscitou a Cristo dentre os mortos também dará vida a seus corpos mortais, por meio do seu Espírito, que habita em vocês." Jesus estava realmente morto — tão morto quanto um morto poderia estar! Mas quando o Espírito da Vida entrou nele, quando a vida de ressurreição entrou nele, a morte foi obrigada a sair.

Romanos 8:11 mostra o princípio da vida vencendo a morte. Ao lembrar-se então do fato de que a Palavra de Deus é espírito e vida, use a sabedoria e comece a declarar vida sobre a situação que o aflige.

Algumas pessoas lutam contra o diabo o tempo todo, e enquanto fazem isso, elas também acabam declarando morte sobre si mesmas e sobre a situação que as aflige. Falar sobre o problema o tempo todo não traz luz às trevas.

Declare a Palavra! Declare a Palavra! Declare a Palavra!

Você e eu não apenas podemos declarar a Palavra de Deus sobre nossas próprias vidas, como também podemos ser intercessores eficazes falando e orando a Palavra de Deus sobre a vida de outras pessoas.

ORANDO A PALAVRA

Orar a Palavra também é uma arma espiritual que nos ajudará a vencer a guerra espiritual (como vimos antes ao abordarmos Efésios 6:10-18).

A nossa guerra não é contra a carne e o sangue, mas contra os principados e potestades e espíritos malignos. Podemos vencer — mas não com armas carnais. A oração é, sem dúvida, uma força espiritual que nos ajuda a viver em vitória. A oração fecha as portas do inferno e abre as janelas do céu.

Em Efésios 6:18 vemos que ela é parte da nossa armadura espiritual, mas que tipo de oração é essa? Todos os tipos de oração devem ser usados na nossa caminhada com Deus. Você pode estar familiarizado ou não com os vários tipos de oração, portanto vamos revê-los juntos:

- *Oração de concordância*: oração na qual duas pessoas se unem para orar em harmonia sobre determinada questão.
- *Oração em conjunto*: oração na qual um grupo de pessoas se reúne para orar de comum acordo.
- *Oração de ação de graças:* oração que agradece sinceramente a Deus pela Sua bondade em geral ou por algo específico que Ele tenha feito.
- *Oração de louvor e adoração*: oração que não pede nada, mas, em vez disso, louva a Deus pelo que Ele fez, está fazendo e fará. Louva a Deus especialmente por quem Ele é — por Ele mesmo. Ela resulta em adoração, expressando amor pelo Pai, pelo Filho e pelo Espírito Santo.
- *Oração de petição:* faz um pedido específico, pedindo a Deus algo para nós mesmos. Essa é provavelmente a oração usada com mais frequência.
- *Oração de intercessão*: envolve colocar-se diante de Deus em favor de outra pessoa, pedindo a Ele para fazer algo em seu benefício.

- *Oração de entrega*: ela toma um problema ou fardo e o lança sobre o Senhor, entregando uma questão aos Seus cuidados.
- *Oração de consagração*: separa uma pessoa ou um objeto para serem usados por Deus.

Essas são algumas das orações mais usadas.

O que é importante sobre qualquer tipo de oração é que para ser eficaz ela deve ser cheia da Palavra de Deus e feita com plena certeza de que Deus cumpre a Sua Palavra.

Orar mencionando a Palavra de Deus para Ele é extremamente eficaz. Isaías 62:6 diz: "Ó Jerusalém, sobre os teus muros pus guardas, que todo o dia e toda a noite jamais se calarão; ó vós, os que fazeis lembrar ao Senhor, não haja descanso em vós" (ACF). Essa é uma verdade poderosa que devemos saber e lembrar.

Encha suas orações com a Palavra de Deus. Agindo assim, você estará comissionando os anjos para ministrarem a seu favor. De acordo com Hebreus 1:14, os anjos são servos ministradores de Deus enviados para assistir os herdeiros da salvação. O Salmo 103:20 diz: "Bendizei ao Senhor, vós anjos seus, poderosos em força, que cumpris as suas ordens, obedecendo à voz da sua palavra!" (AA). Essa Escritura nos diz que os anjos são levados a entrar em ação pela Palavra de Deus que é proclamada.

Algumas orações não passam de reclamações que começam com "Querido Deus". Se você quer chamar a atenção de Deus, encha suas conversas, orações e meditações com a Sua Palavra.

O Salmo 138:2 nos mostra a posição exaltada que Deus dá à Sua Palavra, principalmente na versão *Amplified* da Bíblia: "Voltado para o teu santo templo eu me prostrarei e renderei graças ao teu nome, por causa do teu amor e da tua fidelidade; pois exaltaste acima de todas as coisas o teu nome e a tua palavra, e elevaste a tua palavra acima de todo o teu nome".

Embora nem todas as traduções enfatizem a Palavra sendo exaltada acima do nome como a *Amplified Bible*, para mim, nenhuma Escritura demonstra a importância que Deus dá à Sua Palavra mais do que essa. Sabemos como devemos honrar o nome do Senhor e o quanto o Seu nome é poderoso, no entanto, nesse versículo Deus nos diz que Ele exalta a Sua Palavra até mesmo acima do Seu nome!

A PALAVRA HABITANDO EM VOCÊ

> Se vocês permanecerem em mim, e as minhas palavras permanecerem em vocês, pedirão o que quiserem, e lhes será concedido.
>
> João 15:7

Uma pessoa que aprende a permanecer na Palavra e deixa que a Palavra permaneça nela terá poder na oração. Quando uma pessoa tem poder na oração, ela tem poder sobre o inimigo.

Além dessas palavras ditas em João 15:7, Jesus também disse: "... Se vocês permanecerem firmes na minha palavra, verdadeiramente serão meus discípulos. E conhecerão a verdade, e a verdade os libertará" (João 8:31, 32). Se você e eu permanecermos na Sua Palavra e deixarmos que ela permaneça em nós, teremos poder na oração.

Permanecer significa continuar em, ou habitar. A *Amplified Bible* salienta essas definições do original grego, na sua tradução de João 8:31,32 na qual Jesus afirma: "Se vocês permanecerem na minha palavra [se agarrarem com firmeza aos meus ensinamentos e viverem de acordo com eles], verdadeiramente serão meus discípulos. E vocês conhecerão a Verdade, e a Verdade os libertará."

As pessoas que fazem da Palavra de Deus uma pequena parte de suas vidas conhecerão a verdade apenas parcialmente e só terão uma liberdade limitada, mas aquelas que permanecem nela conhecerão toda a verdade e terão liberdade total. O mesmo princípio se aplica à oração eficaz. Permanecer na Palavra aumenta o poder da oração.

Considere 1 João 2:14 e você verá claramente que permanecer na Palavra de Deus nos dá vitória sobre o maligno: "Filhinhos, eu lhes escrevi porque vocês conhecem o Pai. Pais, eu lhes escrevi porque vocês conhecem aquele que é desde o princípio. Jovens, eu lhes escrevi, porque vocês são fortes, e em vocês a Palavra de Deus permanece e vocês venceram o Maligno."

Esses homens tinham vitória sobre o maligno porque estavam permanecendo na Palavra de Deus.

Posso testemunhar que a Palavra de Deus me deu vitória sobre o diabo. Minha vida era um caos porque eu era ignorante quanto à Palavra de Deus. Eu era cristã havia muitos anos, uma cristã que frequentava a igreja, entregava meu dízimo, amava a Deus e era ativa na obra, mas o meu nível de vitória era zero, pois eu não conhecia a Palavra.

Muitos crentes vão à igreja toda semana para ouvir alguém pregar a Palavra para eles, mas eles mesmos nunca conheceram a Palavra. Se você quer viver em vitória, precisa fazer seu próprio estudo da Palavra — cave por si mesmo o ouro escondido nas páginas da Bíblia.

Falo sobre algo muito além de ler um capítulo por dia. Fazer isso é bom e pode ser um ponto de partida, mas se você realmente quer conquistar a vitória sobre o diabo nestes tempos do fim, precisa dar à Palavra de Deus um lugar de prioridade em sua vida — e isso significa dar a ela um lugar de destaque em seus pensamentos.

Você habita na Palavra permanecendo nela.

Falando de forma mais prática, isso pode significar que você se levanta de manhã e, enquanto toma um banho, começa a confessar ou a cantar a Palavra. A caminho do trabalho, você pode ouvir um bom louvor ou uma pregação em áudio cheia da Palavra. A Bíblia também está disponível em áudio, caso você queira ouvir passagens da mesma enquanto trabalha pela casa. Algumas pessoas até exercem algum tipo de atividade na qual podem ouvir CDs ou rádios o dia inteiro. Você deve ouvir pregações ungidas e ensinamentos regularmente. Várias vezes por semana não é muito, principalmente se você tem muitos problemas.

Você pode decidir tirar a sua hora de almoço e ler a Palavra, ou dar uma volta e orar (lembre-se de encher suas orações com a Palavra). Quando o dia de trabalho estiver terminado, a caminho de casa, você pode fazer o que vez na ida para o trabalho: ouvir um CD. Lembre-se, quanto mais você deixar a sua mente livre para ficar perambulando sem rumo ou passiva, mais o diabo tentará enchê-la. Mantenha-a cheia com a Palavra, e você terá menos problemas.

Não estou sugerindo que você ignore sua família ou se torne uma pessoa irresponsável em outras áreas. Enquanto está no trabalho, você precisa dar ao seu chefe um dia inteiro de trabalho por um dia inteiro de salário. Só ouça CDs no trabalho se o seu chefe não tiver problemas quanto a isso. Entendo que ninguém consegue manter a Palavra em sua mente ou nos seus ouvidos constantemente. Permanecer não significa fazer algo incessantemente, mas eu definiria como fazer algo de modo irredutível — regularmente e continuamente.

Enquanto avança na leitura deste livro, você deve ter se perguntado por que não tem vitória em sua vida. Você é cristão há muitos anos, e, no entanto, parece estar sempre em dificuldade. Você pode dizer sinceramente que passou esses anos sendo um cristão que permanece na Palavra de Deus? Se a resposta é não, então espero e oro para que este livro abra seus olhos e Deus use-o para estimulá-lo a agir, de posse de todas as suas armas e determinado a vencer a guerra.

PARTE II

O Nome

5

SEU GLORIOSO NOME

> Para que ao nome de Jesus se dobre todo joelho, no céu, na terra e debaixo da terra.
>
> FILIPENSES 2:10

Usar o nome de Jesus e ter uma revelação sobre o poder que há nesse nome são coisas diferentes. Até mesmo um ensino sobre o poder do nome de Jesus não é suficiente — *deve haver uma revelação sobre o poder que há no nome de Jesus!*

Ninguém pode trazer revelação a si mesmo, ela deve vir do Espírito Santo, que é Aquele que revela toda a verdade. Portanto, comece esta seção do livro orando, pedindo revelação com relação ao nome de Jesus e o poder que há nele a disposição de todo crente.

Usei o nome de Jesus por muitos anos sem ver os resultados que, segundo me disseram, eu poderia obter. Sou o tipo de pessoa que vai mais fundo e investiga se depois de algum tempo as coisas não funcionarem da maneira como entende que elas deveriam funcionar. Assim, comecei a perguntar a Deus o por quê de eu estar usando o nome que supostamente teria poder sobre as circunstâncias, mesmo estando elas fora da Sua vontade, sem ver no entanto nenhum resultado. Ele tem me ensinado algo sobre isso de forma progressiva, e tenho certeza de que ainda há mais por vir, mas estou pronta a compartilhar com você o que Ele me revelou até agora.

Liberar o poder que há no nome de Jesus requer fé nesse nome, portanto vamos examinar várias passagens das Escrituras que falam do Seu nome, este mesmo nome que é tão poderoso a ponto de, apenas ao ser mencionado com fé, fazer que todo joelho se dobre nas três dimensões — no céu, na terra e debaixo da terra!

O NOME MAIS ELEVADO, O NOME MAIS PODEROSO

E [que vocês possam conhecer e compreender] qual é a incomparável e ilimitada grandeza do seu poder em nós e para conosco, os que cremos, conforme demonstrado na atuação da Sua poderosa força.

Poder esse que Ele exerceu em Cristo, ressuscitando-o dos mortos e fazendo-o assentar-se à sua direita, nas regiões celestiais, muito acima de todo governo e autoridade, poder e domínio, e de todo nome que se possa mencionar [acima de todo título que pode ser concedido], não apenas nesta era, mas também na era e no mundo que há de vir.

Deus colocou todas as coisas debaixo de seus pés e o designou como cabeça universal e suprema da igreja [uma liderança exercida por toda a igreja], que é o seu corpo, a plenitude daquele que enche todas as coisas, em toda e qualquer circunstância [pois nesse corpo habita toda a plenitude daquele que completa todas as coisas, e que tudo enche em todos os lugares com a Sua plenitude].

EFÉSIOS 1:19-23, AMP

Pense nisto: Jesus veio dos mais altos céus à terra, desceu ao Hades, ou ao lugar debaixo da terra, e agora está sentado à direita do Pai novamente nos mais altos céus. Poderíamos dizer que Ele concluiu um círculo completo, e assim encheu tudo, em todos os lugares, consigo mesmo. Ele está sentado acima de todas as coisas e tem um nome que está acima de qualquer outro. O Seu nome é o nome mais elevado, mais poderoso — e ele foi dado a nós!

HÁ PODER NESTE NOME!

E Pedro e João subiam juntos ao templo à hora da oração, a nona. E era trazido um homem que desde o ventre de sua mãe era coxo, o qual todos os dias punham à porta do templo, chamada Formosa, para pedir esmola aos que entravam.

O qual, vendo a Pedro e a João que iam entrando no templo, pediu que lhe dessem uma esmola. E Pedro, com João, fitando os olhos nele, disse: "Olha para nós."

E olhou para eles, esperando receber deles alguma coisa. E disse Pedro: "Não tenho prata nem ouro; mas o que tenho isso te dou. Em nome de Jesus Cristo, o Nazareno, levanta-te e anda."

ATOS 3:1-6, ACF

Pedro e João estavam andando e viram um aleijado sendo carregado. Eles o reconheceram como um homem pobre que ficava sentado na porta do templo pedindo esmolas todos os dias. Quando ele viu Pedro e João, pediu-lhes uma esmola, e esta foi a resposta deles: "Em nome de Jesus Cristo o Nazareno, levante-se e ande!"

O versículo 8 nos diz que o homem deu um pulo e se colocou sobre os seus pés e começou a saltitar, totalmente curado. Aqueles primeiros discípulos obviamente tinham uma revelação com relação ao poder que há no nome de Jesus, por isso usaram esse poder.

O NOME TRAZ SALVAÇÃO E CURA

> Não há salvação em nenhum outro, pois, debaixo do céu não há nenhum outro nome dado aos homens pelo qual devamos ser salvos.
>
> ATOS 4:12

> Estes sinais acompanharão os que crerem: em meu nome expulsarão demônios; falarão novas línguas; pegarão em serpentes; e, se beberem algum veneno mortal, não lhes fará mal nenhum; imporão as mãos sobre os doentes, e estes ficarão curados.
>
> MARCOS 16:17-18

A Palavra de Deus revela que a salvação é no nome de Jesus. Somos batizados nesse nome, tanto na água quanto no Espírito Santo. Oramos e esperamos que nossas orações sejam ouvidas e atendidas nesse nome. Os enfermos são curados e os demônios são expelidos nesse maravilhoso nome.

Leia o livro de Atos e você verá rapidamente como os primeiros discípulos usavam o nome de Jesus. Satanás levantou-se contra eles ferozmente.

Creio que o diabo sempre ataca de modo mais intenso logo no início de alguma coisa, e quando ela está próxima de sua conclusão também. Ele não quer que comecemos nada de valor. E se conseguimos começar, ele não quer que terminemos. Ele se levantou ferozmente contra o nascimento da Igreja, e agora que estamos perto do fim da era da Igreja e próximos da Segunda Vinda de Cristo, Satanás está atacando com uma fúria que nunca vimos antes. Ele sabe bem que o seu tempo está prestes a terminar e o prazo que foi dado a ele para agir nesta terra está se esgotando rapidamente.

Estamos definitivamente nos tempos do fim, e precisamos saber como vencer o ataque do mal. Creio ser possível fazer isso, mas somente através *da Palavra, do nome e do sangue*, e de uma revelação pessoal do poder com o qual Deus investiu a cada um de nós.

Precisamos ter um novo derramamento do Espírito Santo, e Ele opera através da Palavra, do nome e do sangue. A qualquer momento em que eles sejam exaltados, o Espírito está presente.

SEU NOME TOMA O SEU LUGAR

> A mulher que está dando à luz sente dores, porque chegou a sua hora; mas, quando o bebê nasce, ela esquece a angústia, por causa da alegria de ter vindo ao mundo um menino.

> Assim acontece com vocês: agora é hora de tristeza para vocês, mas eu os verei outra vez, e vocês se alegrarão, e ninguém lhes tirará essa alegria.
> Naquele dia vocês não me perguntarão mais nada. Eu lhes asseguro que meu Pai lhes dará tudo o que pedirem em meu nome.
> Até agora vocês não pediram nada em meu nome. Peçam e receberão, para que a alegria de vocês seja completa.
>
> João 16:21-24

Nós costumamos pensar: *Ah, como seria maravilhoso ter a chance de andar fisicamente com Jesus! Queria ter sido um daqueles doze discípulos que passaram um dia após o outro com Ele por três anos.* Sim, teria sido uma experiência maravilhosa, mas Ele mesmo disse que os Seus seguidores ficariam em situação ainda melhor quando Ele se fosse, porque então enviaria o Seu Espírito para habitar em todo crente e para estar em íntima comunhão com eles (João 16:7).

Nesse mesmo capítulo Ele lhes diz que embora estivessem entristecidos por ouvirem as notícias sobre a Sua partida iminente, viria o tempo em que eles se alegrariam novamente assim como uma mulher fica triste durante o trabalho de parto, mas se alegra quando a criança nasce.

Eles estavam entristecidos porque Jesus iria deixá-los fisicamente, mas ao mesmo tempo Ele estava lhes dizendo que eles mudariam de ideia ao experimentarem a glória de ter o Seu Espírito neles e o poder que estava disponível a cada um deles através do privilégio de usar o Seu nome em oração. Jesus estava dando a eles literalmente — e deu o mesmo a todos aqueles que acreditam nele — uma "procuração", o direito legal de usar o Seu nome.

Deixe-me dar-lhe um exemplo prático para ajudá-lo a entender este princípio. Meu marido Dave e eu viajamos muito, e temos um filho em casa que ainda é menor de idade. Ele viaja conosco quando pode, mas nem sempre pode ir. Queríamos que aqueles que estavam cuidando dele na nossa ausência pudessem obter tratamento médico para ele caso isso fosse necessário. Descobrimos que eles precisariam de um documento legal declarando que tinham o direito de usar o nosso nome em benefício do nosso filho, para realmente poderem tomar decisões no nosso lugar. Demos às pessoas que estavam cuidando dele a nossa "procuração". Talvez não pudéssemos estar pessoalmente com ele, mas queríamos estar certos de que qualquer coisa que precisasse ser feita na nossa ausência poderia ser feita.

Jesus fez o mesmo por Seus discípulos e também por todos os que acreditariam nele. Ele disse: "Eu terei de partir, mas lhes darei o Meu nome. Vocês podem usá-lo em oração, e o Meu Pai e seu Pai lhes concederá tudo o que pedirem em Meu nome."

Esta é a autoridade que você e eu recebemos no Seu nome. Que tremendo privilégio!

A versão *Amplified Bible* salienta o fato de que pedir no nome de Jesus realmente significa apresentar tudo que Ele é ao Pai. Isto é muito importante, porque nos ensina que quando oramos em nome de Jesus estamos apresentando tudo que Ele é e tudo que realizou, e não o que nós somos e realizamos. Esse é um dos grandes benefícios de orarmos em Seu nome e não no nosso nome ou no nome de qualquer outra pessoa.

Jesus já foi perfeito por nós, Ele já agradou o Pai por nós; assim, não existe pressão sobre nós para acharmos que precisamos ter um passado perfeito de bom comportamento para podermos orar.

Sim, orar em nome de Jesus tira a pressão de sobre nós! O Seu nome toma o Seu lugar, o Seu nome o representa. Quando oramos no Seu nome, é como se Ele estivesse orando, como se estivesse pedindo!

Até para começarmos a digerir essa maravilhosa verdade é preciso meditar nela sem parar, incessantemente. Esse é um privilégio que quase nos parece grandioso demais para acreditar! Será que ousamos acreditar em algo assim? Podemos acreditar sim, porque temos as Escrituras como respaldo, e precisamos acreditar nisso em nome da continuidade da obra de Cristo na terra. Se não orarmos com fé usando o nome de Jesus, nada será realizado para promover o Reino de Deus neste mundo.

Há poder no nome de Jesus, e o diabo sabe disso. É triste dizer, mas geralmente o inimigo reconhece isso melhor do que os crentes, por essa razão é imperativo nessa hora final da história que tenhamos uma revelação sobre o nome de Jesus. Quando ele é pronunciado por um crente que tem revelação, todo o céu toma posição de sentido. Deus ouve as orações que são feitas em nome de Jesus e as responde. O inferno também toma posição de sentido quando oramos nesse nome ou falamos sobre ele.

Se você conhece uma pessoa e alguém menciona o seu nome, você imediatamente vê na sua mente uma imagem dela. A menção do nome da pessoa provoca em você uma lembrança. A menção do nome toma o lugar dela. Ela pode não estar com você fisicamente, mas o seu nome traz à sua lembrança tudo que você sabe a respeito dela. Nomes representam pessoas, eles representam personalidades.

Faça um pequeno teste comigo apenas para provar o que estou dizendo. Pegue os nomes de diversas pessoas que você conhece muito bem. Diga um desses nomes e espere alguns segundos. Enquanto espera, você perceberá diversas coisas a respeito da pessoa cujo nome você disse vindo à sua memória, porque o nome dela representa a própria pessoa para você. O nome dela traz uma imagem dela. Tente fazer isso várias vezes com nomes diferentes, e isso o ajudará a entender o que acontece na dimensão espiritual quando pronunciamos o nome de Jesus. O nome dele o representa!

O diabo não quer que você e eu usemos o nome de Jesus da maneira adequada. Digo "da maneira adequada" porque você verá mais adiante neste livro que muitos usam o Seu nome indevidamente.

Em Atos 3, vemos que Pedro e João usaram o nome de Jesus de modo adequado e que por meio da fé naquele nome e do poder que há nele um aleijado foi completamente curado. Em Atos 4, lemos que os sumos sacerdotes, o comandante militar do templo e os saduceus tomaram Pedro e João e os prenderam por causa do que estavam fazendo em nome de Jesus. As pessoas se convertiam ao Cristianismo, e os líderes religiosos estavam com medo, então eles tentaram paralisar o movimento que por sua vez ganhava força por meio da pregação e do ensino de Pedro e João.

Vamos ver as palavras desses líderes religiosos como estão relatadas em Atos 4:16-18: "'Que faremos com esses homens? Todos os que moram em Jerusalém sabem que eles realizaram um milagre notório que não podemos negar. Todavia, para impedir que isso se espalhe ainda mais entre o povo, precisamos adverti-los de que não falem com mais ninguém sobre esse nome'. Então, chamando-os novamente, ordenaram-lhes que não falassem nem ensinassem em nome de Jesus".

Obviamente aquelas pessoas estavam com medo do poder que viam manifestar-se por meio daquele nome, por isso queriam deter o crescimento do movimento, então proibiram os discípulos de usarem o nome de Jesus. Naturalmente, Pedro e João responderam: "Precisamos obedecer a Deus e não aos homens" (ver Atos 4:19,20).

Jesus havia partido fisicamente, mas Seus seguidores continuavam o Seu ministério usando o Seu nome. O nome de Jesus estava assumindo o Seu lugar. E hoje ainda é assim, e sempre será.

Use o nome de Jesus, use a procuração que Ele lhe deu. Esse nome é uma das maiores armas com as quais você se defende e ataca o reino das trevas. A sua esperança não está em você mesmo, ela está no poder da Palavra de Deus, do Seu nome e do Seu sangue!

6

EXERCENDO AUTORIDADE NO NOME

> Reunindo os Doze, Jesus deu-lhes poder e autoridade para expulsar todos os demônios e curar doenças, e os enviou a pregar o Reino de Deus e a curar os enfermos.
>
> Lucas 9:1-2

Não apenas vemos muitos exemplos de orações em nome de Jesus, como também precisamos reconhecer que temos o poder de uma procuração que nos dá o direito de *ordenar* em nome de Jesus.

Oramos e pedimos coisas ao Pai em nome de Jesus, mas damos ordens ao inimigo também nesse nome. Falamos às circunstâncias e aos principados e potestades, usando a autoridade que nos foi dada em virtude da procuração que recebemos do próprio Jesus.

Pedro e João ordenaram ao aleijado que andasse. Eles disseram: "Anda, em nome de Jesus Cristo de Nazaré".

No exercício do nosso ministério, quando expulsamos demônios, não impomos as mãos sobre uma pessoa e começamos a orar para que Deus o expulse. Nós ordenamos que ele saia em nome de Jesus.

Nós já oramos. Nós já fomos ao Pai em nome de Jesus e desfrutamos a nossa comunhão com Ele. Nós já falamos com Ele e pedimos para nos dar poder sobre os demônios para podermos assim ajudar as pessoas quando esse tipo de ministério for necessário. Agora vamos usar o poder que Ele nos outorgou, exercendo a autoridade inerente ao nome de Seu Filho Jesus.

O mesmo se aplica a curar os enfermos. Há momentos para fazer a oração da fé em nome de Jesus (Tiago 5:15); há momentos para ungirmos com óleo (Tiago 5:14), mas também há momentos para simplesmente ordenarmos ou falarmos em nome de Jesus.

Quando imponho as mãos sobre os enfermos, costumo dizer: "Seja curado, em nome de Jesus." Ou assumo a autoridade sobre a doença no corpo da pessoa, em nome de Jesus. Creio ser importante sabermos quando orar e quando ordenar. Na verdade, eu já havia terminado de escrever este livro, mas o Senhor continuamente me impulsionava a voltar e acrescentar esta seção, portanto acredito que ela deve ser importante.

Quando Jesus estava ministrando às pessoas ou lidando com demônios, Ele ordenava a cura ou a libertação. Ele não parava naquela hora para orar. Ele já havia orado o necessário. Uma análise do Novo Testamento mostra Jesus frequentemente se afastando para passar algum tempo em meditação e oração. Lemos: "E ele saía para os montes e orava durante toda a noite", ou palavras no gênero.

O mesmo princípio se aplica a nós. Se quisermos ser eficazes no ministério, precisamos estar sintonizados com o nosso Pai celestial e em comunhão com Ele.

Passe tempo diariamente com o Senhor. Tenha comunhão com Ele, peça, ore, busque e saia desse tempo com Ele equipado para a obra que lhe está sendo proposta. Então, estando plenamente equipado, vá executá-la. Exerça a autoridade que lhe foi dada no nome de Jesus.

O gerente geral do nosso ministério *A Vida na Palavra* tem autoridade para usar o meu nome ou o nome de Dave para fazer as coisas. Mas essa autoridade foi dada e é mantida com base no nosso relacionamento. Nossos filhos trabalham para o ministério e alguns deles ocupam cargos administrativos. Eles têm o nosso nome e o direito de usá-lo. Embora tenham legalmente nosso nome de nascença, o direito de usá-lo para realizar algo no ministério é mantido através de um bom relacionamento conosco.

Os crentes têm o direito legal de usarem o nome de Jesus através do seu Novo Nascimento, mas a liberação para usá-lo com os sinais que se seguem é estabelecida através de uma comunhão regular com Deus. Você lerá mais sobre isso em um próximo capítulo, mas por ora, lembre-se: vá ao Pai em nome de Jesus, ore e peça a Ele o que você quer ou precisa, nesse maravilhoso nome. Então, quando você for fazer a obra do Reino, exerça a sua autoridade no Seu nome. Nestes casos, quando você for representá-lo, deve agir em Seu nome, usando a procuração dada por Ele.

NÃO TOME O NOME DE DEUS EM VÃO

> Não tomarás em vão o nome do Senhor, o teu Deus, pois o Senhor não deixará impune quem tomar o seu nome em vão.
>
> ÊXODO 20:7

Certa vez ouvi alguém dizer: "O que os discípulos tinham a seu favor no livro de Atos era uma revelação do nome de Jesus".

Quando ouvi essa afirmação, algo se agitou dentro de mim e comecei a orar no intuito de obter uma *revelação* sobre o Seu nome. Como mencionei, precisamos de revelação e não de ensino. Podemos ter recebido vários ensinamentos sobre o nome de Jesus e ainda não termos uma revelação. O Espírito Santo revela a Palavra àqueles que a buscam, portanto peça por revelação.

Pouco depois de orar por uma revelação sobre o nome do Senhor, recebi a revelação sobre tomar o Seu nome em vão.

Sabemos que um dos Dez Mandamentos se refere a não tomar o nome do Senhor em vão. A palavra "vão" significa inútil, infrutífero e sem utilidade, tolo ou irreverente.[3] O Espírito Santo começou a me mostrar com que frequência as pessoas tomam o nome do Senhor em vão. Não apenas os incrédulos — mas os crentes também — aqueles entre nós que chamamos de cristãos. Primeiramente, Ele tratou comigo pessoalmente com relação a essa prática, e quando percebi o que estava fazendo fiquei realmente triste em meu coração e

---

[3] Baseado no dicionário Webster's New World, 3ª. edição universitária, s.v. "vão", tradução nossa.

me arrependi completamente. Então comecei a perceber com que frequência o Seu nome é usado em vão pelos outros.

Deixe-me explicar.

Sempre entendi que tomar o nome do Senhor em vão significava associar o Seu nome a uma palavra torpe ou de maldição. Mas significa muito mais do que apenas isso. A tradução da *Amplified Bible* de Êxodo 20:7 diz: "Vocês não usarão ou repetirão o nome do Senhor seu Deus em vão [isto é, levianamente ou frivolamente, em afirmações falsas ou de forma profana]; pois o Senhor não deixará impune quem tomar o seu nome em vão".

A parte sobre usar ou repetir o nome de Deus "levianamente ou frivolamente" realmente trouxe arrependimento ao meu coração. Eu conservava alguns maus hábitos que realmente faziam com que eu quebrasse esse terceiro mandamento, mas eu estava enganada e nem sequer percebia que fazia isso. Eu tinha o hábito de dizer coisas do tipo "Oh, meu Deus" quando me deparava com uma situação chocante ou ouvia notícias surpreendentes — e até quando deixava algo cair no chão ou quando uma das crianças quebrava alguma coisa. Os cristãos talvez tenham começado a usar o Seu nome desse modo inocentemente, pensando estarem reconhecendo-o ou clamando pelo Seu nome em uma situação. A frase completa seria: "Oh, meu Deus... venha se mover com poder nesta situação", ou "Oh, meu Deus... ajude-me a tomar mais cuidado", ou "Oh, meu Deus... ajude-me a manter-me calmo". Mas agora apenas usamos o Seu nome levianamente como algo que costumamos dizer. O Senhor me revelou que o Seu nome é mais do que apenas uma simples expressão.

Há poder no nome do Senhor, e o Seu nome deve ser temido com reverência. Em Malaquias 1:14, lemos: "... Pois Eu sou um grande rei, diz o Senhor dos Exércitos, e o Meu nome é temível e deve ser temido [com reverência] entre as nações" (AMP). Em outras palavras, você e eu precisamos ter tamanha reverência pelo Senhor e por todos os nomes que expressam a pessoa dele a ponto de temermos falar qualquer desses nomes santos sem um propósito.

Na verdade, a Igreja precisa ser mais reverente no que diz respeito às coisas de Deus, e ponto final. A Igreja perdeu muito nessa área, e creio que é vital voltarmos a ter um temor reverente e um assombro diante de Deus, do Seu nome e da Sua obra.

O Espírito Santo me disse que às vezes agimos totalmente destituídos de poder por associarmos o positivo e o negativo. Se você e eu queremos ver o poder de Deus ser liberado quando falamos o nome de Jesus, então não devemos usar o Seu nome de maneira frívola ou leviana em outras ocasiões.

Ouço os cristãos dizerem coisas do tipo: "Ó Deus", "Meu Deus", "Querido Deus", e não em oração, mas apenas como uma simples maneira de se expressarem. Eu mesma costumava fazer isso. Se eu estivesse cansada, dava uma esticada no corpo e dizia: "Ó Deus, estou acabada!" Eu nunca havia pensado nisto antes, mas agora sei que é pecado usar o nome de Deus de maneira superficial.

Certo dia, eu estava implicando com meu filho mais velho pois ele havia chegado em nossa casa para tratar de alguns negócios comigo bem na hora em que estávamos nos sentando para jantar. Conversei com ele um pouco, mas depois tentei de uma maneira amorosa e brincalhona (mas também séria) fazê-lo ir embora para que pudéssemos comer. Eu não queria mais tratar de negócios, mas ele sim, então eu acabei apontando para a porta e dizendo: "Fora, em nome de Jesus!" Imediatamente percebi que estava pecando. O Espírito Santo estava me revelando o que estou compartilhando com você, e com certeza entendi o que Ele queria dizer naquele dia.

De acordo com a Bíblia, nós recebemos autoridade para expulsar demônios em nome de Jesus. Muitas vezes ministro às pessoas esperando que os demônios sejam expulsos caso haja alguns deles oprimindo aquele a quem estou ministrando. Mas como posso esperar ver o poder manifestado nesse nome se o uso com seriedade em um momento e depois de modo fútil em outro?

Lembre-se de que ao associar o positivo ao negativo você ficará com poder igual a zero. Pessoalmente, sou muito grata pela revelação que o Espírito Santo me trouxe sobre este assunto, e espero que ela o ajude assim como me ajudou.

Um dia, eu estava falando sobre essa revelação com minha empregada enquanto ela passava roupa. Era algo novo para mim, e eu estava ansiosa para compartilhar o assunto com alguém e ver como ele poderia afetar essa pessoa. Falei brevemente, mas ela começou a chorar; pude perceber literalmente a convicção de Deus vindo sobre ela. O mesmo aconteceu com duas outras mulheres que trabalham em nosso escritório. Creio que essa verdade é muito importante, e eu estimulo você a examinar a sua própria vida e suas conversas, pedindo ao Espírito Santo para lhe chamar a atenção para qualquer momento em que você use o nome do Senhor em vão.

Em Isaías 52:4-6 lemos: "Pois assim diz o Soberano, o Senhor: 'No início o meu povo desceu para morar no Egito; ultimamente a Assíria o tem oprimido. E agora o que tenho aqui?', pergunta o Senhor. 'Pois o meu povo foi levado por nada, e aqueles que o dominam zombam, diz o Senhor. E constantemente, o dia inteiro, meu nome é blasfemado. Por isso o meu povo conhecerá o meu nome; naquele dia eles saberão que sou eu que o previ. Sim, sou eu.'"

Os pagãos blasfemam o nome de Deus o dia inteiro, diz o Senhor, mas o Seu próprio povo conhecerá o Seu nome e o que ele significa. Os pagãos podem não respeitar e reverenciar o Seu nome, mas nunca seja dito que nós, chamados de cristãos, tomamos o Seu nome em vão!

Recentemente, eu estava sentada conversando com uma amiga cristã, uma mulher adorável que ama Jesus e baseia sua vida em Seus princípios. Durante o curso da nossa conversa, ela usou o nome do Senhor em vão (de maneira leviana ou fútil) cinco vezes em uma hora. Só percebi porque Deus estava me mostrando isso pessoalmente.

Não creio que façamos ideia do grande problema que isso envolve, e eu o estimulo a levar essa questão a sério. Não se coloque debaixo de condenação, mas se você for convencido pelo Espírito disso, arrependa-se e peça ajuda a Ele no futuro.

CLAMANDO O NOME EM UM MOMENTO DE CRISE

E todo aquele que invocar o nome do Senhor será salvo.

ATOS 2:21

Um amigo meu, de quem fui professora no seminário e que agora serve como pastor em uma igreja estava dirigindo por um cruzamento um dia e seu filhinho de três ou quatro anos estava no carro também. Ele não percebeu que a porta do carro do lado do passageiro não estava travada corretamente, e fez uma curva fechada. Isso aconteceu antes da promulgação das leis que obrigavam o uso dos cintos de segurança, e a criança não estava usando cinto. A porta do carro abriu de repente, e o garotinho saiu voando do carro e foi parar bem no meio do trânsito que vinha de quatro direções diferentes! A última coisa que meu amigo viu foi um par de rodas de carro quase em cima de seu filho — se movendo em alta velocidade. Tudo que ele conseguiu fazer foi gritar: "JESUS!".

Assim que ele conseguiu parar, saltou do carro e correu na direção de seu filho, e o encontrou são e salvo. Mas o homem que estava dirigindo o carro e quase havia atingido a criança estava absolutamente histérico. Meu amigo foi até ele e começou a tentar consolá-lo.

"Ei, não fique nervoso!" disse ele. "Meu filho está bem, ele está bem. Não fique preocupado com isso. Apenas agradeça a Deus por você ter conseguido parar!"

"Você não entende!" respondeu o homem. "Eu nem toquei no freio!"

Aquela foi uma situação crítica. Não houve tempo para ninguém fazer nada nem tempo para pensar, planejar ou raciocinar. Embora não houvesse nada que o homem pudesse fazer, o nome de Jesus prevaleceu. O poder que opera milagres entrou em cena, e a vida do menino foi poupada.

Creio que precisamos ter mais confiança no nome de Jesus e menos confiança em nós mesmos ou em qualquer outra pessoa para resolver nossos problemas. Há poder no nome de Jesus. Este nome maravilhoso e glorioso está acima de qualquer outro nome. Ele tem mais poder do que qualquer outro nome. Ele está acima do nome da doença, da depressão e da escassez. O nome de Jesus está acima do ódio, da contenda e da falta de perdão.

Como vimos, Efésios 6:12 nos diz que "... pois a nossa luta não é contra seres humanos, mas contra os poderes e autoridades, contra os dominadores deste mundo de trevas, contra as forças espirituais do mal nas regiões celestiais."

Use o nome de Jesus contra os espíritos que estão por trás dos conflitos, do ódio e da falta de perdão. Em vez de se levantar contra as pessoas que estão lhe causando sofrimento e problemas, levante-se contra os espíritos que estão operando através delas. Lembre-se, as armas da nossa guerra não são carnais. Elas não são armas naturais, mas espirituais: a Palavra, o nome e o sangue de Jesus!

Quando Davi enfrentou Golias, ele lhe disse: "Você vem contra mim com espada, com lança e com dardo, mas eu vou contra você em nome do Senhor dos Exércitos, o Deus dos exércitos de Israel, a quem você desafiou. Hoje mesmo o Senhor o entregará nas minhas mãos, e eu o matarei e cortarei a sua cabeça. Hoje mesmo darei os cadáveres do exército filisteu às aves do céu e aos animais selvagens, e toda a terra saberá que há Deus em Israel" (1 Samuel 17:45-46).

Israel estava em crise, e embora Davi tenha declarado o que faria com o inimigo, ele disse "de antemão" que tudo seria feito em nome do Senhor dos exércitos.

Em momentos de crise ou de emergência, clame o nome de Jesus. Houve momentos em minha vida em que eu estava sofrendo tanto emocional ou fisicamente que tudo que conseguia dizer era "JESUS!" Não era uma oração muito eloquente, mas o nome dele basta em momentos assim.

De vez em quando o Espírito Santo me direciona a ler um livro sobre o nome de Jesus. Ele refresca a minha memória com relação a tudo que esse nome é para mim. A minha fé é fortalecida através do nome de Jesus enquanto estudo esse assunto. Oro para que este livro faça o mesmo por você. Talvez o que estou compartilhando seja uma revelação nova para você, ou talvez sejam coisas que você já sabe, mas das quais precisava se lembrar.

Creio que é importante desenvolver a fé no nome de Jesus. Quanto mais fé tenho em alguém, mais vou depender dessa pessoa, principalmente em um momento de necessidade. Se tenho um funcionário que está sempre disposto a caminhar a segunda milha para nos ajudar em um momento de necessidade, estarei inclinada a depender dessa pessoa quando surgirem momentos assim.

Funciona da mesma maneira com relação a Jesus. Quanto mais você e eu vemos como Ele é fiel em tempos de necessidades e crises, mais testemunhamos o poder do Seu nome sobre as situações e as circunstâncias e mais a nossa fé é aperfeiçoada no Seu nome.

A vitória não está em ter o nome do Senhor para usar, ou mesmo em usá-lo, mas a vitória está em ter fé no nome de Jesus e em usá-lo da maneira adequada. Em Atos 3, depois que Pedro e João usaram o nome de Jesus e o aleijado foi curado, as pessoas começaram a se aglomerar em torno deles e a olhar impressionadas.

No versículo 12, Pedro disse à multidão atônita: "... Por que vocês estão olhando para nós, como se tivéssemos feito este homem andar por nosso próprio poder ou piedade?" Pedro disse com muita sabedoria: "Este milagre não foi feito pelo nosso próprio poder ou pela nossa santidade." Na essência, ele estava dizendo: "Em nós mesmos, não somos nada, apenas simples homens. Este milagre não foi feito por nós; o Deus de Abraão, Isaque e Jacó glorificou Seu Filho, o Senhor Jesus Cristo" (Atos 3:13).

Então, no versículo 16, ele acrescenta: "Pela fé no nome de Jesus, o Nome curou este homem que vocês veem e conhecem. A fé que vem por meio dele lhe deu esta saúde perfeita, como todos podem ver".

Há cura no Seu nome! Há libertação no Seu nome! Há salvação no Seu nome!

7

PARA USAR LEGALMENTE O NOME, VOCÊ PRECISA ESTAR "CASADO"!

> E, sendo encontrado em forma humana, humilhou-se a si mesmo e foi obediente até a morte, e morte de cruz! Por isso Deus o exaltou à mais alta posição e lhe deu o nome que está acima de todo nome, para que ao nome de Jesus se dobre todo joelho, nos céus, na terra e debaixo da terra...
>
> FILIPENSES 2:8-10

Gostaria de lhe falar sobre o nome de Jesus e a oração, mas primeiro quero compartilhar com você algo que o Senhor me disse há vários anos.

Naquela época, eu refletia sobre por que o nome de Jesus não parecia estar produzindo para mim os mesmos resultados poderosos que eu via no livro de Atos. Eu estava orando em nome de Jesus e assumindo autoridade sobre o inimigo no nome de Jesus, mas os resultados simplesmente não eram os mesmos que eu lia.

Eu estava estudando sobre o nome de Jesus no livro de Filipenses quando me deparei com esses versículos que me revelaram uma verdade importante. Primeiro, Jesus foi extremamente obediente e depois, ou por causa disso, Ele recebeu o nome que está acima de todo nome, o nome que ainda hoje detém um poder tão tremendo a ponto de ao ser pronunciado, todo joelho tenha de se dobrar no céu, na terra e debaixo da terra.

O Senhor me deu o seguinte exemplo. Ele disse: "Joyce, quando você se casou com Dave, recebeu o nome dele e com ele todo o poder que o nome Meyer representa." Ele me lembrou de que posso usar o nome Dave Meyer e conseguir tudo o que o próprio Dave conseguiria se estivesse comigo. Posso até ir ao banco e retirar o dinheiro de Dave Meyer, porque quando duas pessoas se casam elas se tornam uma só pessoa, e todas as propriedades de cada uma delas passam a pertencer à outra.

No casamento, o que pertence a um cônjuge também pertence ao outro. Se eu tiver um problema, Dave tem um problema. Se Dave tem um problema, eu tenho um problema. Somos um. Ao nos casarmos, eu passei a ter uma procuração para usar o seu nome. Eu não tinha esse poder enquanto estávamos apenas planejando nos casar, só depois de nos casarmos.

Por meio desse exemplo relacionado à nossa vida diária, o Espírito Santo estava tentando me ensinar que embora eu tivesse um relacionamento com o Senhor, ele era mais um namoro do que um casamento. Eu gostava de ter "encontros" com Ele, por assim dizer, mas quando o "encontro" terminava, eu queria seguir o meu próprio caminho. Não estava pronta para viver com Ele ainda. Havia muitas áreas da minha vida em que eu o deixava de fora — áreas às quais Ele gostaria de ter acesso, mas eu não estava permitindo. Nem tudo em mim pertencia a Ele. Eu queria ter tudo que era do Senhor, Seu favor e Seus benefícios, mas não queria dar a Ele tudo de mim. Eu estava reservando uma grande parte da Joyce para a Joyce.

Embora eu estivesse me aprimorando em minha obediência a Ele, o Senhor usou essa passagem de Filipenses para me mostrar que eu ainda não havia tomado a decisão de me tornar extremamente obediente conforme a Bíblia dizia sobre Jesus, e foi em razão dessa obediência que Ele recebeu o nome que está acima de todo nome.

Você está casado com Jesus, ou está apenas "namorando"? É um namoro casual ou sério? Você está noivo, mas continua adiando a data do casamento? Lembre-se, você não pode usar legalmente o nome dele até se casar com Jesus.

Jesus é o Noivo, e nós somos a Sua Noiva. Foi assim que Deus Pai planejou, e essa é a única maneira de o Seu plano funcionar adequadamente.

O NOME E O CASAMENTO ANDAM JUNTOS

Por amor de Sião eu não sossegarei, por amor de Jerusalém não descansarei enquanto a sua justiça não resplandecer como a alvorada, e a sua salvação, como as chamas de uma tocha.

As nações verão a sua justiça, e todos os reis, a sua glória; você será chamada por um novo nome que a boca do Senhor lhe dará. Será uma esplêndida coroa na mão do Senhor, um diadema real na mão do seu Deus. [*Você e eu estamos na mão de Deus, ou estamos tentando tê-lo em nossas mãos?*]

> Não mais chamarão abandonada, nem desamparada à sua terra. Você, porém, será chamada Hefzibá [*"Nela está o meu prazer", AMP*], e a sua terra, Beulá [*"casada", AMP*], pois o Senhor terá prazer em você, e a sua terra estará casada. Assim como um jovem se casa com sua noiva, os seus filhos se casarão com você; assim como o noivo se regozija por sua noiva, assim o seu Deus se regozija por você.
>
> Isaías 62:1-5

Embora esses versículos não sejam uma palavra direta para os crentes individualmente, creio que eles deixam claro este princípio capaz de ministrar uma verdade e consolo a nós como indivíduos: o nome e o casamento andam juntos.

O Senhor deseja estar casado conosco e que sejamos chamados como tal, e assim como o jovem noivo se alegra e tem prazer na sua noiva, o Senhor deseja se alegrar e ter prazer em você e em mim. Ao vivermos em extrema obediência, como aqueles que são casados, perceberemos um aumento do poder de Deus ser liberado à medida que usarmos o nome de Seu Filho Jesus.

ORANDO EM NOME DE JESUS

> O que vocês pedirem em meu nome, eu farei.
>
> João 14:14

O nome de Jesus não é uma "palavra mágica" nem um encantamento ritualístico a ser acrescentado ao fim de uma oração para garantir sua eficácia. Para que nossas orações sejam realmente eficazes, precisamos saber qual o verdadeiro significado de orar em nome de Jesus.

Em primeiro lugar, precisamos reconhecer que toda oração dirigida pelo Espírito envolve orar a vontade de Deus e não a do homem. É impossível orar a vontade de Deus sem conhecer Sua Palavra.

Muitas pessoas ficam confusas e são enganadas ao retirarem as Escrituras do seu contexto, escolhendo um versículo do qual elas gostam sem considerá-lo à luz das outras passagens que o complementam.

Considere, por exemplo, João 14:14, onde Jesus diz: "O que vocês pedirem em meu nome, eu farei." Que declaração! Se eu pudesse simplesmente arrancar essa promessa da Bíblia e fazê-la funcionar, que vida eu poderia ter! Pelo menos era assim que eu pensava quando ainda era um "bebê" em Cristo.

Quando era uma crente imatura, eu tinha muitos desejos egoístas e esperava que Deus os realizasse para mim. Estava muito interessada em aprender qualquer coisa que me ajudasse a conseguir o que queria. Assim, ao começar a ler passagens bíblicas como João 14:14, eu as via como desejava vê-las, e o resultado foi uma perda de equilíbrio.

De lá para cá, descobri que um crente carnal ouve com seu ouvido carnal. Independentemente do que for ensinado, ele ouve com base no nível da sua maturidade. João 15:7 é um bom exemplo: "Se vocês permanecerem em mim, e as minhas palavras permanecerem em vocês, pedirão o que quiserem, e lhes será concedido." Também me lembro de ter ficado muito empolgada com essa Escritura, mas não tão empolgada com a parte do permanecer, mas apenas com a parte relacionada a poder pedir o que eu quisesse e ver isso acontecer. Mal sabia eu que quando eu aprendesse o verdadeiro significado de permanecer e crescesse espiritualmente a ponto de permanecer em Jesus, nossas vontades então estariam unidas (casadas) e eu só iria querer o que Ele quisesse. Mal sabia eu que a essa altura eu estaria clamando: "Que não seja feita a minha vontade, mas a Tua!" (ver Mateus 26:39).

ORANDO DENTRO DA VONTADE DE DEUS

> Esta é a confiança que temos ao nos aproximarmos de Deus: se pedirmos alguma coisa de acordo com a vontade de Deus, ele nos ouvirá.
> E se sabemos que ele nos ouve em tudo o que pedimos, sabemos que temos o que dele pedimos.
>
> 1 JOÃO 5:14,15

Há muitas coisas na Palavra que nos dizem claramente qual é a vontade de Deus, e essas com certeza podemos pedir com ousadia sem qualquer hesitação ou preocupação quanto ao fato de estarem ou não dentro da vontade de Deus. No entanto, há muitas outras com as quais lidamos diariamente a respeito das quais precisamos orar sem saber exatamente qual é a vontade de Deus para aquela situação. Em momentos assim, devemos orar para que a vontade dele seja feita e não a nossa.

Muitas vezes peço algo em oração, mas quando não tenho nenhuma passagem bíblica para dar suporte ao meu pedido, digo ao Senhor: "Isso é o que imagino ser a minha vontade — pelo menos, me parece que seria bom se fosse assim — mas se eu estiver errada em meu pedido, Senhor, por favor, não me dê isso. A Tua vontade é o que quero, e não a minha."

Precisamos considerar as palavras de 1 João 5:14,15 juntamente com outras Escrituras relacionadas à oração. Sim, Deus certamente presta atenção às orações que chegam a Ele em nome de Jesus, mas não às que estão fora da Sua vontade.

O tempo também é um fator a ser considerado com relação às respostas dadas às orações. Podemos orar por algo que é da vontade de Deus, mas até chegar o tempo dele em nossa vida, não veremos essas respostas chegarem.

Lembre-se, "... a fé é a certeza daquilo que esperamos e a prova das coisas *que não vemos*" (Hebreus 11:1). Se você tem a Palavra de Deus para respaldar os seus pedidos, firme-se na fé até ver os resultados. Mas lembre-se de que a verdadeira fé faz com que entremos no descanso de Deus. Assim, esperar nele deve ser uma experiência agradável e não de frustração.

Quando oramos a vontade de Deus em nome de Jesus, na verdade tomamos o lugar dele aqui na terra. Ao usarmos o Seu nome, estamos usando a procuração que Ele nos deu. Ao mesmo tempo, Ele toma o nosso lugar na presença do Pai. Lembre-se, quando oramos no Seu nome, não estamos apresentando tudo o que somos ao Pai, mas tudo o que Jesus é.

Em Mateus 28:18-20 Jesus disse aos Seus discípulos: "Toda a autoridade me foi dada nos céus e na terra. Ide e fazei discípulos de todas as nações, batizando-os em nome do Pai, do Filho e do Espírito Santo, ensinando-os a observar tudo o que Eu vos tenho mandado; e eis que estou sempre convosco" (paráfrase da autora).

Como Jesus está sempre conosco? Através do poder do Seu nome. Quando clamamos por esse nome, a Sua presença se torna disponível a nós. Qualquer ministro que realmente deseje exaltar esse nome canta louvores, fala, prega e ensina sobre ele.

A alegria do Pai é reconhecer o nome de Jesus. Afinal, esse é o nome que Ele deu a Seu Filho, que andou em extrema obediência e o honrou com essa obediência. Quando você e eu pronunciamos o nome de Jesus com nossos lábios cheios de fé, o Pai ouve. Temos autoridade nesse nome. Autoridade sobre demônios, enfermidades, doenças, sobre a pobreza e sobre toda forma de miséria.

NÃO SEJA EGOÍSTA COM O NOME

> Tudo isso provém de Deus, que nos reconciliou consigo mesmo por meio de Cristo e nos deu o ministério da reconciliação...
>
> 2 Coríntios 5:18

> Antes de tudo, recomendo que se façam súplicas, orações, intercessões e ações de graças por todos os homens.
>
> 1 Timóteo 2:1

Creio que existem aqueles que ouviram mensagens sobre o poder que está disponível a eles no nome de Jesus, e estão ocupados usando esse nome na esperança de conseguir tudo que desejam. Com certeza podemos e devemos usar o nome de Jesus em nosso próprio benefício, desde que o utilizemos para realizar a vontade de Deus para as nossas vidas e não a nossa própria vontade. Entretanto, há outro aspecto relacionado a usarmos o nome de Jesus em oração que não queremos deixar passar em branco neste livro, que é usá-lo para orar por outras pessoas.

Na verdade é isso que os apóstolos estavam fazendo no livro de Atos. Jesus os havia enviado revestidos do poder da Sua autoridade e do Seu nome, e eles se ocuparam tentando ajudar outros com essas ferramentas. Eles não estavam usando o nome de Jesus para conseguir uma casa maior ou um ministério maior, usavam o nome de Jesus para trazer salvação, cura, libertação e o batismo no Espírito Santo a todos aqueles por quem Jesus havia morrido e que ainda não o conheciam. Eles pregavam com ousadia nesse nome e multidões eram salvas da destruição. Eles não usavam o nome para conseguir um armário cheio de roupas novas, mas para vencer Satanás, porque o diabo estava tentando impedir a obra de Deus na terra.

Se você e eu usarmos o nome de Jesus para vencer o diabo quando ele tentar nos impedir de fazer a obra de Deus, e não apenas quando estiver nos impedindo de obter alguma bênção, então veremos que há ainda mais poder sendo liberado através desse nome quando oramos.

Em outras palavras, não devemos ser egoístas com o nome de Jesus. Devemos usá-lo em benefício de outros e não apenas em benefício próprio.

O mundo onde vivemos hoje está em um estado desesperador. A maioria das pessoas não sabem o quanto estão desesperadas, mas podemos ver o que elas não podem ver, pois conhecemos a Palavra de Deus. Vejo pessoas apenas vivendo no calor do momento, e sofro por elas. Sou movida a orar para que Deus abra seus olhos e elas possam enxergar seu verdadeiro estado.

Vejo os nossos jovens não recebendo nenhum ensinamento acerca de Deus, e sou movida a orar por eles em nome de Jesus para que Deus levante jovens líderes com poder para serem usados por Ele para levar uma palavra a esta geração. Oro para que Ele envie líderes aos quais eles possam respeitar e que exerçam impacto em suas vidas.

Você e eu não temos de olhar apenas para todos os problemas e falar sobre todos os problemas! Podemos fazer algo a respeito deles! Podemos orar em nome de Jesus!

Se você vir um jovem tropeçando pela calçada, arrasado pelas drogas, não diga apenas "Que pena — aquele jovem está desperdiçando sua vida". Ore! Ore em nome de Jesus para que o diabo seja amarrado na vida dele, e para Deus enviar um obreiro aperfeiçoado até ele, alguém que possa compartilhar o Evangelho, alguém a quem ele ouça.

Esse tipo de oração não leva muito tempo. Você vê uma necessidade e sussurra uma oração no nome de Jesus. Muito pode ser realizado na terra à medida que os crentes começarem a usar o nome de Jesus de uma maneira não egoísta.

Lembre-se, o inferno treme quando um crente que conhece a sua autoridade pronuncia esse nome com fé. O céu ouve — e o inferno treme.

A intercessão é uma manifestação de amor. Amar também é uma forma de guerra espiritual, e o diabo trabalha para prender os crentes na armadilha do egoísmo a fim de que a caminhada de amor de cada um seja fria e não calorosa. Substitua todo julgamento e crítica pela oração, que nada mais é do que amor em ação.

Somos muito tentados a julgar as pessoas que têm problemas, mas algo que me ajuda é me lembrar de onde vim. Uma coisa que me ajuda muito é lembrar como eu era antes de passar vinte anos envolvida com a Palavra de Deus e antes de ter o poder do Espírito Santo operando em mim dia e noite por duas décadas.

Use o nome de Jesus e ame as pessoas também. Ore por elas usando esse nome. Dois ministérios foram dados a todo crente: o ministério da *reconciliação* e o da *intercessão*. Podemos ajudar a trazer reconciliação aos perdidos à medida que Deus abre a porta para fazermos isso, e podemos orar pelos outros ao vermos que estão sofrendo ou vivendo fora da aliança com Deus.

8

A OBEDIÊNCIA E O NOME DE JESUS

> Digo-lhes a verdade: Aquele que crê em mim fará também as obras que tenho realizado. Fará coisas ainda maiores do que estas, porque eu estou indo para o Pai. E eu farei o que vocês pedirem em meu nome, para que o Pai seja glorificado no Filho. O que vocês pedirem em meu nome, eu farei.
>
> João 14:12-14

Mencionei brevemente o lugar que a obediência ocupa com relação ao nome de Jesus, mas sinto que seria útil elucidar um pouco mais o assunto. Filipenses 2:8-10 nos diz que Jesus foi extremamente obediente e, por isso, Ele recebeu um nome que está acima de qualquer outro nome. Há tamanha autoridade nesse nome que à simples menção dele, todo joelho precisa se dobrar no céu, na terra e debaixo da terra. Mas quando estudamos esses versículos, não devemos ficar tão atraídos pelo poder representado por eles a ponto de nos esquecermos da obediência que eles descrevem.

Em João 14:12-14 que abre este capítulo, Jesus nos garante que ao pedirmos qualquer coisa em Seu nome, Ele a fará por nós. Pare por um instante e releia essa passagem. Que promessa poderosa! Mas agora se prepare para o versículo 15: "Se vocês me amam, obedecerão aos meus mandamentos." O versículo 16 então descreve o resultado da obediência: "E eu pedirei ao Pai, e ele lhes dará outro Conselheiro para estar com vocês para sempre".

Pense no que Jesus está dizendo. Eis o que creio que Ele está nos dizendo nessas passagens: "Se vocês continuarem a crer em Mim, e permanecerem em Mim, poderão fazer o mesmo tipo de obras que Me viram fazer, e ainda mais, pois o Meu Espírito estará operando em cada um e através de vocês. Eu estou lhes dando poder no Meu nome; usem-no para ajudar as pessoas. Meu Pai lhes concederá seus pedidos feitos em Meu nome, porque quando oram em Meu nome vocês estão apresentando ao Meu Pai tudo que EU SOU. Se forem realmente sérios, e se Me amarem sinceramente, vocês Me obedecerão. E se levarem realmente a sério sua obediência a Mim, Eu enviarei o Espírito Santo para ajudá-los não apenas nessa área da obediência, mas também em todas as outras áreas da sua vida."

Isso é o que creio que pode ser extraído por nós dessas Escrituras. Se simplesmente escolhermos aquelas que preferimos, poderemos acabar com uma meia verdade, e quando temos diante de nós uma meia verdade, acabamos sempre nos deparando com um engano.

A obediência é importante!

Agora entendo que a condição de sermos perfeitamente obedientes não está em nós (sem a ajuda do Senhor), mas se tivermos um coração disposto e fizermos o que podemos fazer, então Ele enviará o Seu Espírito para fazer o que não podemos fazer.

EXPERIMENTE A LIBERDADE QUE JESUS COMPROU PARA VOCÊ

> Portanto, uma vez que Cristo sofreu corporalmente armem-se também do mesmo pensamento, pois aquele que sofreu em seu corpo rompeu com o pecado, para que, no tempo que lhe resta, não viva mais para satisfazer os maus desejos humanos, mas sim para fazer a vontade de Deus.
>
> 1 PEDRO 4:1-2

Não estou sugerindo que o poder no nome de Jesus não irá funcionar sem a obediência perfeita. O que estou afirmando aqui é que o poder no nome de Jesus não será liberado caso alguém não esteja avançando para o alvo do alto chamado em Cristo (ver Filipenses 3:14), que é a maturidade, pois ela exige extrema obediência. Extrema obediência, por sua vez, exige uma disposição de sofrer na carne, de uma maneira que é segundo Deus. Isso acontece, por exemplo, quando você nega a si mesmo algo que quer e sabe não ser bom para você, a fim de conhecer e fazer a vontade de Deus.

Muitas vezes temos de sofrer para sermos libertos do sofrimento. Há um sofrimento segundo Deus e um que não é segundo Deus. Houve anos em minha vida em que eu sofria de uma forma que não era segundo Deus: depressão, ódio, confusões emocionais de todo tipo, tormento mental gerado pela preocupação extrema e pela ansiedade e por muitas outras misérias do mesmo tipo.

Para experimentar a liberdade que Jesus comprou para mim, precisei ser obediente à Sua Palavra. Ela me ensinou uma nova maneira de viver. Ela me disse, por exemplo, para perdoar aqueles que me feriram e até para abençoá-los. Eu não queria fazer isso; minha carne gritava: "Não é justo!". O Espírito Santo lutou comigo. Ele continuou a me ensinar e a me aproximar cada vez mais de Jesus. Finalmente, meu amor por Jesus cresceu a ponto de eu estar disposta a obedecer-lhe, embora precisasse sofrer na carne, perdoando e até abençoando, para fazer isso.

Quanto mais você se relaciona com o Senhor, mais deve crescer no seu amor por Ele. Quanto mais o ama, mais você obedecerá a Ele.

O NOME DE JESUS É PODER

... Pela fé no nome de Jesus, o Nome curou este homem...
ATOS 3:16

O nome de Jesus é poder. Nenhum pai ou mãe que ama daria poder a um bebê, pois eles sabem que a criança poderia se machucar. Os pais não retêm o poder de seus filhos para fazer mal a eles, mas para ajudá-los ou mantê-los em segurança. O nosso Pai celestial age da mesma forma. Ele nos diz o que está disponível para nós, e depois pelo Seu Espírito nos ajuda a amadurecer até podermos lidar com o que deseja nos dar.

Creio que o poder existente no nome de Jesus é ilimitado. Também creio que o nosso Pai celestial libera para nós esse poder aos poucos, à medida que vai percebendo que podemos lidar com ele da maneira adequada.

O PODER É CONFIADO CONFORME A MATURIDADE

> Antes, seguindo a verdade em amor, cresçamos em tudo naquele que é a cabeça, Cristo.
>
> EFÉSIOS 4:15

Em nossas próprias vidas, meu marido e eu tivemos a experiência de ver nosso ministério se multiplicar gradualmente. Ano após ano, ele continua crescendo, e nós também. Posso definitivamente dizer que o tamanho e o poder do nosso ministério aumentaram em proporção direta ao nosso crescimento pessoal no Senhor.

Vejo mais resultados agora, mais manifestações do poder de Deus, depois de usar o nome de Jesus ou de orar neste nome, do que costumava ver vinte anos atrás. Houve um aumento contínuo e gradual, e espero que essa tendência continue enquanto eu estiver nesta terra. Meu marido sempre diz que "o modo de Deus é lento e sólido, e o do diabo é rápido e frágil".

Depois de ler este livro sobre a Palavra, o nome e o sangue, você terá um conhecimento que não possuía antes, e ficará ansioso por usá-lo. Eu o encorajo a fazer isso, mas também o encorajo a não ficar confuso e frustrado se não obtiver imediatamente 100% de resultados. Esteja disposto a crescer e a atingir novos níveis de maturidade e obediência.

Peça ao Espírito Santo para começar a revelar a você qualquer área em sua vida que esteja impedindo o poder de Deus. Peça a Ele para lhe mostrar as áreas de egoísmo e as áreas de engano. Leve a sério a sua vida de oração e o seu crescimento.

Não pense que essas informações sobre o nome de Jesus são algo que Deus colocou em suas mãos apenas para ajudá-lo a conseguir o que você deseja na vida. Ele realmente nos concede e nos concederá os desejos do nosso coração (Salmos 37:4), mas o desejo do coração de Deus é que você e eu levemos a sério nosso relacionamento com Ele.

Quando Jesus começou a falar com os Seus discípulos sobre o privilégio de orar em Seu nome e ter seus pedidos concedidos, Ele disse: "Em verdade, em verdade vos digo..." Creio que o poder de Deus é uma responsabilidade solene. O poder de Deus não é um brinquedo; ele não deve ser liberado para as pessoas que estão apenas orando, mas àquelas que estão seriamente prontas a avançar de acordo com o programa de Deus para suas vidas. Acredito que você seja uma dessas pessoas, do contrário não teria lido este livro até aqui. Portanto, à medida que você continuar a crescer e a amadurecer em Cristo, poderá esperar por novas e empolgantes dimensões na sua caminhada com o Senhor.

FIQUE DE GUARDA CONTRA A TENTAÇÃO

> Vigiem e orem para que não caiam em tentação. O espírito está pronto, mas a carne é fraca.
>
> MATEUS 26:41

Eu poderia continuar falando sem cessar sobre todas as áreas nas quais precisamos obedecer a Deus. Nossos pensamentos, palavras, atitudes, hábitos, nossa disposição em contribuir, e assim por diante. O Espírito Santo está em nós para nos revelar a verdade (João 16:13). Ele trabalha continuamente, nos levando progressivamente na direção da vontade perfeita de Deus. Podemos confiar nele através do Seu Santo Espírito para nos despertar para as áreas de desobediência ou até para as áreas onde estamos sendo tentados a desobedecer. Não desobedecemos sem primeiro sermos *tentados* a desobedecer, e depois nos permitimos cair na tentação em vez de resistir a ela.

No Jardim do Getsêmani, Jesus encorajou Seus discípulos a orar para que eles não caíssem em tentação. Nosso Senhor sabia que a tentação estava a caminho. O fim estava próximo para Ele. Jesus sabia que Satanás havia lutado muito na época do Seu nascimento para que todos os bebês de Belém de dois anos para baixo fossem mortos (Mateus 2:16). Da mesma forma, Ele sabia que o diabo agora lutaria muito e lançaria um ataque não apenas contra Ele, mas também contra os Seus discípulos, porque aquele era um momento de conclusão da obra. Jesus estava prestes a completar a vontade de Deus para Ele e estava pronto a levar a Sua obediência ao extremo, até à morte (Filipenses 2:8).

Creio que você e eu também estamos próximos do fim do nosso ministério nesta terra. Em minha opinião, o fim de todas as coisas virá em pouco tempo. A Segunda Vinda de Cristo está próxima, e podemos esperar que a guerra espiritual se intensifique. Assim como Jesus encorajou os Seus discípulos a orar para não caírem em tentação, eu encorajo você a fazer o mesmo. Ao sentir-se tentado, imediatamente ore no nome de Jesus para que você não venha a cair em tentação.

A Bíblia diz que a tentação deve vir (João 16:33). Não podemos impedir isso, mas podemos orar para não cairmos nela. Jesus disse aos Seus discípulos para orarem contra a tentação. Ele também os instruiu em Mateus 6:13 e Marcos 14:38. Ele lhes deu o Seu nome para usarem ao orar (João 14:14; 15:16). Pense no quanto você e eu podemos ser mais eficazes com o uso do Seu Nome.

Sim, levante-se contra as tentações com as quais você precisa lidar em nome de Jesus, e creio que terá bons resultados. Você não precisa lutar suas batalhas sozinho. Há poder no nome de Jesus. Use-o!

9

O QUE HÁ EM UM NOME?

> Ela dará à luz um filho, e você deverá dar-lhe o nome de Jesus, porque ele salvará o seu povo dos seus pecados. Tudo isso aconteceu para que se cumprisse o que o Senhor dissera pelo profeta:
> A virgem ficará grávida e dará à luz um filho, e lhe chamarão Emanuel, que significa "Deus conosco".
>
> MATEUS 1:21-23

Quando o anjo do Senhor apareceu a José dizendo-lhe para não ter medo de tomar Maria como sua esposa embora ela estivesse grávida e eles ainda não estivessem casados, o anjo disse a José que a criança concebida em seu ventre era do Espírito Santo. O anjo também disse a ele qual seria o nome da criança. Esse nome descrevia a Pessoa: "Você deverá dar-lhe o nome de Jesus, porque ele salvará o seu povo dos seus pecados." Em outras palavras, "Chame-o de acordo com o que Ele vai fazer".

OS NOMES TÊM SIGNIFICADO

"De minha parte, esta é a minha aliança com você. Você será o pai de muitas nações. Não será mais chamado Abrão; seu nome será Abraão, porque eu o constituí pai de muitas nações" [...]

Disse também Deus a Abraão: "De agora em diante sua mulher já não se chamará Sarai; seu nome será Sara. Eu a abençoarei e também por meio dela darei a você um filho. Sim, eu a abençoarei e dela procederão nações e reis de povos".

GÊNESIS 17:4,5,15,16

Os nomes significavam muito mais para as pessoas que viviam nos tempos bíblicos do que significam para a maioria de nós hoje em dia. Até mesmo no início da Bíblia, vemos que os nomes eram tremendamente importantes, pois descreviam o caráter das pessoas.

Em Gênesis 17, vemos que Deus deu a Abrão e a Sarai novos nomes. Pelo fato de estar mudando as circunstâncias em suas vidas, Ele estava lhes dando novos nomes que declaravam quais seriam essas mudanças. Abrão e Sarai conheciam bem a importância dos nomes, e quando Deus mudou seus nomes eles souberam o que isto significava. Ao fazer essa mudança, Deus estava começando a "... chamar à existência coisas que não existiam, como se existissem" (Romanos 4:17).

Romanos 4:17, que faz referência a essa passagem de Gênesis, diz o seguinte: "Como está escrito:'Eu o constituí pai de muitas nações'. Ele é nosso pai aos olhos de Deus, em quem creu, o Deus que dá vida aos mortos e chama à existência coisas que não existem, como se existissem."

Em Gênesis 17:19, Deus diz a Abraão: "... Na verdade Sara, sua mulher, lhe dará um filho, e você lhe chamará Isaque [*que significa ele riu*]. Com ele estabelecerei a minha aliança, que será aliança eterna para os seus futuros descendentes."

O que há em um nome? Muito mais do que a maioria das pessoas pensa. Quando chamamos alguém pelo nome, estamos fazendo uma declaração sobre essa pessoa. Ao chamar Sarai de Sara, Abraão e todos aqueles que diziam o seu nome estavam ajudando a mudar a imagem que ela tinha de si mesma.

Sarai era uma mulher estéril e que provavelmente tinha uma autoimagem negativa por não ter conseguido dar um filho a seu marido. Ela era uma mulher idosa, e do ponto de vista natural não havia nenhuma esperança de que a sua situação um dia viria a mudar, mas Deus mudou o seu nome! Ao falarem com ela, chamando-a de Sara, todos estavam chamando-a de princesa. Ela deve ter começado a se ver de uma maneira diferente e a sentir a fé crescer em seu coração. Chamando-a de Sara, ou Princesa, assim como Deus eles estavam, literalmente "... chamando à existência coisas que não existiam, como se existissem" (Romanos 4:17).

O mesmo aconteceu com Abrão, cujo nome foi mudado para Abraão.

Também vemos outros exemplos desta verdade ao longo da Bíblia. Em Gênesis 32:26, 28, vemos um anjo lutando com Jacó, e este é o resultado do encontro deles: "Então o homem disse: 'Deixe-me ir, pois o dia já desponta'. Mas Jacó lhe respondeu: 'Não te deixarei ir, a não ser que me abençoes'. O homem lhe perguntou: 'Qual é o seu nome?' 'Jacó', respondeu ele. Então disse o homem: 'Seu nome não será mais Jacó, mas sim Israel, porque você lutou com Deus e com homens e venceu."

Isto nos ajuda a entender o que fazemos de fato ao pronunciarmos o nome de Jesus. Não se trata apenas de um nome, mas o Seu nome declara o Seu caráter, o que Ele veio para fazer; ele declara tudo que Jesus realizou. Como o livro de João afirma, "O Seu nome declara tudo o que Ele é" (João 14:13, AMP; João 15:16, AMP). O Seu nome o representa!

OS NOMES SÃO IMPORTANTES

> Mas Deus me separou desde o ventre materno e me chamou por sua graça. Quando lhe agradou revelar o seu Filho em mim para que eu o anunciasse entre os gentios não consultei pessoa alguma...
>
> GÁLATAS 1:15,16

Achei interessante em minha própria vida descobrir o significado do meu nome. Durante a maior parte de minha vida fui chamada de Joyce, que é o meu nome do meio, mas meu primeiro nome é Pauline. Precisamente na época em que eu estava começando a ensinar a Palavra de Deus e estava me perguntando sobre a validade do chamado que estava sobre a minha vida, Deus providenciou para que eu descobrisse o significado do meu nome.

Pauline é derivado de Paulo. De acordo com a concordância de Strong, o nome do apóstolo Paulo significa "pequeno",[4]

---

[4] James Strong, *Strong's Exaustive Concordance of the Bible* (Nashville, Abingdon, 1890), "Greek Dictionary of the New Testament", p. 56, lançamento nº 3972.

e ele era um pregador. Assim, alguns se referiam a ele como "o pequeno pregador". As epístolas que ele escreveu são chamadas "epístolas Paulinas". Meu nome do meio, Joyce, significa "alegre"[5]. Assim, pode-se dizer que meu nome completo, Pauline Joyce, significa "pequena pregadora alegre".

Essa informação, para a qual Deus chamou a minha atenção em um momento-chave de minha vida, foi uma grande fonte de encorajamento para mim. Até então, eu tinha muitas dúvidas quanto à parte da pregadora, e ainda estava longe de experimentar a realidade de possuir um espírito alegre.

Pense só nisto: Deus nos chama desde o ventre. Ele já conhece o caminho exato que cada um de nós irá seguir na vida. Como no meu caso, muitas vezes o Senhor até mesmo escolhe o nome daqueles a quem Ele chama. Embora meus pais não estivessem buscando a Deus com relação ao nome que deveriam me dar, creio que Deus escolheu meu nome. Todas as vezes que meus pais ou qualquer outra pessoa me chamavam pelo nome, eles estavam ajudando a estabelecer o meu destino.

Geralmente, quando as pessoas leem algo assim, a primeira coisa que querem fazer é consultar um livro com as definições dos nomes. Às vezes descobrem que o nome delas tem um significado que lhes agrada, mas às vezes descobrem o contrário. Se você não gosta do significado do seu nome, ou se acha que ele realmente não se adapta a você, não se preocupe com isso. Como crente, você leva o nome de Jesus, o nome que está acima de todo nome. Portanto, alegre-se por saber disso e não caia na tentação de ficar desanimado.

---

[5] Dorothea Austin, *The Name Book* (Minneapolis: Bethany House, 1982), p. 189

Todos nós temos o hábito de chamar as pessoas por apelidos. Costumamos encurtar o nome delas ou fazer com que ele soe diferente, ou as chamamos por algum outro nome diferente do delas por acharmos que retrata a aparência ou a personalidade delas. Geralmente os apelidos que damos aos outros não têm qualquer significado, exceto talvez o fato de serem bonitinhos ou peculiares.

Meu marido e eu temos uma filha cujo nome é Sandra, que significa "ajudadora"[6]. Embora não soubéssemos o significado do seu nome quando o escolhemos, é exatamente isso que ela é, uma ajudadora. Ela dirige o nosso ministério de assistência quando viajamos e realizamos reuniões em outras cidades. Em casa, ela auxilia em tudo, de "A a Z". Cuida das crianças de sua irmã e de seu irmão como babá e também ajuda minha tia que é viúva. Ela simplesmente ama ajudar as pessoas.

Desde pequena nós demos a ela o apelido de Sam. Nem sequer sei o que Sam significa, mas quando descobri o significado de Sandra, tentei passar a chamá-la pelo seu nome e não por outro que não tem nada a ver com o chamado que está sobre sua vida. Às vezes alguém da família ainda a chama de Sam, e não há problema com isso. Você pode atender a um apelido ou a algum outro nome que não se associe realmente à sua personalidade ou ao seu ministério. Não estou lhe dando uma nova lei sob a qual você deva viver, mas espero estar estabelecendo um princípio que o ajude a ver a importância dos nomes — especialmente dos nomes bíblicos, e principalmente dos nomes divinos.

---

[6] Dorothea Austin, *The Name Book* (Minneapolis: Bethany House, 1982), p. 300

EU SOU — DEUS!

"Vá, pois, agora; eu o envio ao faraó para tirar do Egito o meu povo, os israelitas." Moisés, porém, respondeu a Deus: "Quem sou eu para apresentar-me ao faraó e tirar os israelitas do Egito?"

Deus afirmou: "Eu estarei com você. Esta é a prova de que sou eu quem o envia: quando você tirar o povo do Egito, vocês prestarão culto a Deus neste monte." Moisés perguntou: "Quando eu chegar diante dos israelitas e lhes disser: O Deus dos seus antepassados me enviou a vocês, e eles me perguntarem: 'Qual é o nome dele?' Que lhes direi?"

Disse Deus a Moisés: "Eu Sou o que Sou. É isto que você dirá aos israelitas: Eu Sou me enviou a vocês".

ÊXODO 3:10-14

Meditei nesses versículos por muito tempo. Para mim, são versos das Escrituras tremendos que expressam muito mais do que possamos imaginar. O que Deus estava realmente dizendo quando se referiu a si mesmo como EU SOU?

Em primeiro lugar, Ele é tão grande que não há como descrevê-lo adequadamente. Como podemos descrever alguém que é tudo, e englobar tudo em um só nome?

Moisés fez uma pergunta sobre a identidade de Deus, e evidentemente o Senhor não quis entrar em uma dissertação extensa sobre quem Ele era, por isso simplesmente disse a Moisés: "Diga que o EU SOU enviou você!". Como uma forma de explicação, Ele precedeu a Sua afirmação dizendo "EU SOU O QUE SOU".

Para ser sincera, posso sentir a unção de Deus sobre mim até mesmo enquanto escrevo estas palavras. Há poder no Seu nome!

Foi como se Deus estivesse dizendo a Moisés: "Você não precisa se preocupar com Faraó ou com qualquer outra pessoa, EU SOU capaz de cuidar de qualquer coisa que atravesse o seu caminho. Seja qual for a sua necessidade, EU SOU. Ou eu tenho o que você precisa, ou EU posso obter isso para você. Se for algo que não existe, eu criarei. Tudo já foi feito por mim, não apenas agora, mas para todo o sempre. Relaxe!"

EU SOU — JESUS!

> Logo em seguida, Jesus insistiu com os discípulos para que entrassem no barco e fossem adiante dele para o outro lado, enquanto ele despedia a multidão. Tendo despedido a multidão, subiu sozinho a um monte para orar. Ao anoitecer, ele estava ali sozinho, mas o barco já estava a considerável distância da terra, fustigado pelas ondas, porque o vento soprava contra ele. Alta madrugada, Jesus dirigiu-se a eles, andando sobre o mar. Quando o viram andando sobre o mar, ficaram aterrorizados e disseram: "É um fantasma!" E gritaram de medo.
>
> Mas Jesus imediatamente lhes disse: "Coragem! Sou eu. Não tenham medo!"
>
> MATEUS 14:22-27

Jesus respondeu aos Seus discípulos da mesma maneira que Deus Pai respondeu a Moisés.

Deveria ser suficiente para nós saber que o Senhor está conosco e é tudo de que precisamos agora — ou precisaremos para sempre. Na verdade, Deus é tão grande que em qualquer crise Ele não tem tempo para definir a si mesmo de uma maneira completa.

Descobri que o Senhor se revela de maneiras diferentes em momentos diferentes. Ele se revela de acordo com o que precisamos.

No livro de Elmer L. Towns, *The Names of Jesus* (Os Nomes de Jesus),[7] ele registra mais de 700 nomes, símbolos, títulos, símiles, descrições e designações bíblicos, usados com relação a Jesus. Cada um deles retrata algum aspecto do caráter de Cristo.

Por exemplo, Apocalipse 1:8 declara que Ele é *o Alfa e o Omega*. O significado é o primeiro e o último, o princípio e o fim, indicando que Ele sempre existiu e sempre existirá.

Isaías 53:1 diz que Ele é *o braço do Senhor*. É Jesus quem nos alcança no poço em que nos encontramos, nos levanta, nos retira de lá e nos coloca em solo firme.

Em Marcos 6:3 Jesus é chamado *o Carpinteiro*. Gosto de pensar nesse nome de Jesus porque um carpinteiro constrói casas, e eu agora sou o tabernáculo ou a casa do Espírito Santo. Jesus está construindo o meu ser, a minha vida. Ele estabeleceu os fundamentos e construirá o edifício. Quando penso nele como o carpinteiro da minha vida, isso retira de sobre mim a pressão de construir a minha própria vida.

---

[7] Elmer L. Towns, *The Names of Jesus* (Denver: Accent Publications, 1987). Além desta obra, gostaria de recomendar os seguintes livros para posterior estudo sobre os nomes divinos: *The Names of God* por Lester Sumrall e *The Wonderful Name of Jesus*, por E.W. Kenyon.

Vou relacionar a seguir citações da Bíblia que trazem alguns dos nomes, títulos e referências de Jesus favoritos para mim:

Conselheiro (Isaías 9:6, referência profética)
O fim da lei (Romanos 10:4)
Fiel e Verdadeiro (Apocalipse 19:11)
Nosso precursor (Hebreus 6:20, pense nisto: Ele é o corredor que vai à frente e abre o caminho onde antes não havia caminho algum).
A cabeça de todo o principado e potestade (Colossenses 2:10)
Meu ajudador (Hebreus 13:6).
Esperança nossa (1 Timóteo 1:1)
O Justo (Atos 7:52)
Rei dos reis (Apocalipse 19:16)
Rei de paz (Hebreus 7:2, referência profética)
Rei de justiça (Hebreus 7:2, referência profética)
O Cordeiro que foi morto desde a fundação do mundo (Apocalipse 13:8)
A vida (João 14:6)
O pão vivo (João 6:51)
Homem de dores (Isaías 53:3, referência profética)
O nome que é sobre todo o nome (Filipenses 2:9)
Unguento derramado (Cantares 1:3, referência profética)
Médico (Lucas 4:23)
O poder de Deus (1 Coríntios 1:24)
Inspirado no temor do Senhor (Isaías 11:3, referência profética)
O fogo do ourives (Malaquias 3:2, referência profética)
A ressurreição e a vida (João 11:25)
O mesmo, ontem, e hoje, e eternamente (Hebreus 13:8)

Esperança (Tito 2:13)
O Filho de Deus (João 1:49)
O Filho do homem (João 1:51)
As entranhas da misericórdia do nosso Deus (Lucas 1:78)
A verdade (João 14:6)
Aquele que sustenta todas as coisas pela palavra do Seu poder (Hebreus 1:3)
O caminho (João 14:6)
A Palavra de Deus (Apocalipse 19:13)
A Palavra da vida (1 João 1:1)

*Todos os títulos ou nomes foram baseados nos versículos da versão Almeida Corrigida Fiel da Bíblia Sagrada.

Se você ler esta lista lentamente e pensar em cada uma dessas referências, verá que cada uma provoca uma compreensão imediata de algo especial que Jesus é para você e para mim. Seu nome revela o Seu caráter, quem Ele é para nós e o que Ele fez.

Muitos dos nomes de Jeová usados no Antigo Testamento nos mostram o mesmo. Em Gênesis 22:14 Ele é *Jeová-Jireh*, que significa O Senhor Proverá. Em Êxodo 17:15 Ele é *Jeová-Nissi*, O Senhor é a Nossa Bandeira. Em Êxodo 15:26 Ele é *Jeová-Rapha*, O Senhor Que Te Cura. No Salmo 23:1 Ele é *Jeová-Rohi*, O Senhor é o Meu Pastor. Em Juízes 6:24 Ele é *Jeová-Shalom*, O Senhor é a Nossa Paz. Em Ezequiel 48:35 Ele é *Jeová-Shemmah*, O Senhor Aqui Está. Em Jeremias 23:6 Ele é *Jeová-Tsidkenu*, O Senhor Justiça Nossa.

O Pai também é mencionado como:

Minha defesa (Salmos 94:22)
Meu libertador (Salmos 40:17)
O teu grandíssimo galardão (Gênesis 15:1)
Meu Pai (Salmos 89:26)
Pai de órfãos (Salmos 68:5)
Minha glória (Salmos 3:3)
A salvação da minha face (Salmos 42:11)
O lugar em que me escondo (Salmos 32:7)
Quem te guarda (Salmos 121:5)
O Rei dos séculos, imortal, invisível (1 Timóteo 1:17)
Aquele que exalta a minha cabeça (Salmos 3:3)
O Senhor poderoso na guerra (Salmos 24:8)
O Altíssimo (Salmos 9:2)
Aquele que nutrirá a tua velhice (Rute 4:15)
A vereda da Vida (Salmos 16:11)
Um lugar de refúgio (Isaías 4:6)
Minha porção (Salmos 119:57)
Alto refúgio para o oprimido (Salmos 9:9)
A rocha que é mais alta do que eu (Salmos 61:2)
A força salvadora do Seu ungido (Salmos 28:8)
O meu cântico (Isaías 12:2)
A força da minha vida (Salmos 27:1)
Uma fortaleza no dia da angústia (Naum 1:7)
Socorro bem presente na angústia (Salmos 46:1)

*Todos os títulos ou nomes foram baseados nos versículos da versão Almeida Corrigida Fiel da Bíblia Sagrada.

Há muitos outros nomes que descrevem o Pai, mas esses são alguns daqueles com os quais estou mais familiarizada.

Seu nome hebraico é *Jeová*, que significa O Senhor, e esse era o nome de Deus mais respeitado no Antigo Testamento. Mas as várias facetas do Seu caráter são expressas nos nomes que o descrevem ainda mais.

De acordo com o livro de Elmer Towns, *The Names of Jesus* (Os Nomes de Jesus), o nome "Jeová" era tão respeitado que quando os escribas estavam copiando as Escrituras e o encontravam, eles trocavam suas vestes e procuravam uma pena nova e tinta fresca para escrevê-lo. Eles se recusavam até a pronunciar esse nome quando liam as Escrituras; eles o substituíam pelo termo hebraico *Adonai*.[8]

Pessoalmente gostaria de ver um pouco desse respeito pelo nome do Senhor de volta à Igreja atual. Hoje em dia existe realmente uma necessidade de demonstrarmos respeito pelo nome de Deus, embora talvez não da mesma maneira expressa nos dias do Antigo Testamento.

O Senhor é o EU SOU sempre presente. Sempre conosco. Tudo que precisamos ou podemos vir a precisar. O nome dele é Jesus, e esse nome detém um poder que não podemos nem sequer começar a compreender. Nossa mente humana finita não pode se expandir o suficiente nem para começar a compreender o poder ilimitado que foi investido no Seu glorioso nome. Quando pronunciamos este nome — Jesus! — o poder se torna imediatamente disponível a nós.

O poder do diabo e de todos os seus exércitos não pode resistir a este nome maravilhoso. Use-o! Ele o deu a você para ser usado. Use-o contra o inimigo. Use-o para abençoar

---

[8] Elmer L. Towns, *The Names of Jesus* (Denver: Accent Publications, 1987), p. 112.

as pessoas. Use-o para ajudar a si mesmo. Use-o para trazer alegria ao coração do Pai.

Há poder no nome de Jesus! Ele é o nome que está acima de todo outro nome, e ao nome de Jesus todo joelho tem de se dobrar!

PARTE III

O Sangue

10

OH, O SANGUE!

> Quando Moisés terminou de proclamar todos os mandamentos da Lei a todo o povo, levou sangue de novilhos e de bodes, e também com água, lã vermelha e ramos de hissopo, e aspergiu o próprio livro e todo o povo, dizendo: "Este é o sangue da aliança que Deus ordenou que vocês obedeçam".
>
> Hebreus 9:19,20

A Palavra de Deus não tem poder para o crente que não tem entendimento com relação ao sangue.

Recentemente, ouvi falar de um homem que estava assistindo ao meu programa de televisão. Ele me ouviu falar sobre o sangue de Jesus e disse à sua esposa: "O que ela quer dizer quando diz 'o sangue'?" Quando aquele homem ouve o Evangelho, acha difícil entendê-lo. Ele precisa de ensino e revelação com relação ao sangue de Jesus, e ao que esse sangue fez por ele. Precisa ter "o sangue aspergido sobre ele e sobre o Livro" para realmente experimentar a Palavra de Deus se revelando diante dos seus olhos.

Hebreus 9:19,20 aponta para essa necessidade na vida das pessoas. Sob a Antiga Aliança, quando o livro da Lei era lido, ele era aspergido com sangue, assim como o povo. Era uma maneira de selar e ratificar o testamento ou a aliança entre Deus e Israel.

A Nova Aliança sempre oferece um caminho melhor, um novo e vivo caminho. Sob a Nova Aliança, não precisamos aspergir o sangue de animais sobre a Bíblia e sobre nós mesmos antes de lê-la, mas precisamos de um entendimento sobre o sangue de Jesus derramado por nós e que selou e ratificou a Nova Aliança que agora temos com Deus. O fato de você estar lendo este livro é prova de que o Espírito Santo o está direcionando por um caminho que trará revelação à sua vida com relação ao sangue de Jesus.

A Bíblia é um livro sobre o sangue; ela fala do sangue de Gênesis a Apocalipse. Em Gênesis 4:10 vemos o sangue de Abel clamando a Deus da terra depois que Caim o assassinou, e em Apocalipse 19:13 vemos Jesus vestido com vestes tintas de sangue. Um estudo minucioso da Palavra de Deus revela que o sangue está em toda parte. Por quê? Porque de acordo com a Bíblia, a vida está no sangue.

A VIDA ESTÁ NO SANGUE

> Pois a vida da carne está no sangue, e eu o dei a vocês para fazerem propiciação por si mesmos no altar; é o sangue que faz propiciação pela vida.
>
> LEVÍTICO 17:11

Assim como a luz é a única coisa que pode vencer as trevas, também a vida é a única coisa que pode vencer a morte.

Quando Deus criou Adão, Ele o formou do pó da terra e soprou em suas narinas o fôlego de vida ou o fôlego do espírito, e assim o homem se tornou alma vivente (ver Gênesis 2:7).

Adão já possuía sangue em seu corpo, mas não havia vida nele até Deus soprar a Sua própria vida dentro dele. A substância química chamada por nós de sangue leva em si a vida.

A vida é uma substância espiritual, mas ela precisa ter um elemento físico que a transporte. O sangue leva a vida de Deus, porque Ele é vida.

11

O QUE HÁ DE TÃO ESPECIAL NO SANGUE DE JESUS?

> Por isso o Senhor mesmo lhes dará um sinal: a virgem ficará grávida e dará à luz um filho, e o chamará Emanuel.
>
> Isaías 7:14

O nascimento de Jesus não foi um nascimento normal; Ele nasceu de uma virgem. Ele teve uma mulher (Maria) como Sua mãe, mas Deus é o Seu Pai. O nascimento virginal de Jesus é vitalmente importante por causa do sangue.

No livro de H. A. Maxwell Whyte, *The Power of the Blood* (O poder do sangue), o autor diz com relação à concepção sobrenatural de Jesus no ventre de Maria: "O óvulo feminino em si não tem sangue, nem o espermatozoide masculino; mas quando os dois se juntam na trompa de falópio é que a concepção ocorre e tem início uma nova vida. As células sanguíneas nessa nova criação são tanto do pai quanto da mãe, e o tipo sanguíneo é determinado no momento da concepção e a partir daí é protegido pela placenta de qualquer fluxo do sangue da mãe para o feto. A Bíblia é explícita quanto ao fato de que o Espírito Santo foi o Agente Divino causador da concepção de Jesus no ventre de Maria. Não foi, portanto uma concepção normal, mas um ato sobrenatural de Deus ao plantar a vida de Seu Filho já existente exatamente no útero de Maria, sem a concepção normal de um espermatozoide masculino com o óvulo feminino de Maria. Como o tipo sanguíneo do Filho de Deus era de um tipo separado e precioso, é inconcebível que Maria pudesse ter fornecido qualquer quantidade do seu sangue de procedência Adâmica para o Cordeiro de Deus sem qualquer mancha. Todo o sangue do Filho veio de Seu Pai no céu por meio de um ato sobrenatural criativo de Deus. O Sangue de Jesus não possuía qualquer elemento da mancha de pecado Adâmica."[9]

Adão foi criado sem pecado; a vida de Deus estava nele, e quando ele permitiu que o pecado entrasse em sua vida, o seu pecado foi então passado a todo ser humano nascido depois dele. O pecado de Adão foi passado através do seu sangue. Ninguém podia escapar dele. O salmista Davi colocou bem o assunto no Salmo 51:5, ACF: "Eis que em iniquidade fui formado, e em pecado me concebeu minha mãe."

Jesus veio para redimir o homem, para comprar sua liberdade, para restaurá-lo ao seu estado original. Como Ele poderia fazer isso tendo o sangue do pecado? Jesus é mencionado em 1 Coríntios 15:45 como o último Adão: "Assim está escri-

---

[9] H. A. Maxwell Whyte, *The Power of the Blood* (Springdale, PA: Whitaker House, 1973), p. 15, 16, tradução nossa.

to: 'O primeiro homem, Adão, tornou-se um ser vivente' (uma personalidade individual); o último Adão, espírito vivificante [que restaura a vida aos mortos]'" (AMP).

Há vida no sangue de Jesus, e quando ele é aplicado adequadamente, a vida no Seu sangue vencerá a morte que opera em nós através do pecado.

A AUTORIDADE DADA A ADÃO

> Então disse Deus: "Façamos o homem à nossa imagem, conforme a nossa semelhança. Domine ele sobre os peixes do mar, sobre as aves do céu, sobre os grandes animais de toda a terra e sobre todos os pequenos animais que se movem rente ao chão."
>
> Criou Deus o homem à sua imagem, à imagem de Deus o criou; homem e mulher os criou.
>
> Deus os abençoou, e lhes disse: "Sejam férteis e multipliquem-se! Encham e subjuguem a terra! Dominem sobre os peixes do mar, sobre as aves do céu e sobre todos os animais que se movem pela terra".
>
> GÊNESIS 1:26-28

Adão foi criado à imagem de Deus, sem pecado. Deus pretendia que ele tivesse autoridade sobre todas as coisas criadas por Ele. Deus deu a ele autoridade e lhe disse para ter domínio e sujeitar a terra.

O homem deveria governar abaixo de Deus, sendo aquele que transportaria fisicamente o Espírito de Deus na terra. Adão foi criado possuindo livre arbítrio. Deus queria submissão voluntária, e não uma submissão forçada; assim, ele foi criado com capacidade de escolha.

Observe que, segundo a Bíblia, Adão devia usar todos os vastos recursos da terra a serviço de Deus e do homem. Ele nunca deveria usá-los primeiramente para si mesmo de modo egoísta. Ele deveria ser dirigido, guiado e controlado voluntariamente pelo Espírito de Deus, ministrando a Deus e para Deus.

A ORDEM DADA A ADÃO

> O Senhor Deus colocou o homem no jardim do Éden para cuidar dele e cultivá-lo. E o Senhor Deus ordenou ao homem: "Coma livremente de qualquer árvore do jardim, mas não coma da árvore do conhecimento do bem e do mal, porque no dia em que dela comer, certamente você morrerá."
>
> GÊNESIS 2:15-17

Se Adão entregasse a Deus o seu melhor — que era o seu livre arbítrio — Deus daria a ele o Seu melhor — o melhor de tudo. Deus havia entrado em um relacionamento de aliança com o homem, e em uma aliança ambas as partes dão o seu melhor. Entretanto, Adão cometeu um erro fatal! Ele usou a autoridade que Deus havia lhe dado e entregou-a a Satanás. O Senhor Deus havia dado a Adão liberdade e autoridade e todas as coisas boas e necessárias para ele viver uma vida poderosa, pacífica e cheia de vida. Mas havia algo que o Senhor havia dito a ele para não fazer.

A TENTAÇÃO DE ADÃO

> Ora, a serpente era o mais astuto de todos os animais selvagens que o Senhor Deus tinha feito. E ela perguntou à

mulher: "Foi isto mesmo que Deus disse: 'Não comam de nenhum fruto das árvores do jardim'?"

Respondeu a mulher à serpente: "Podemos comer do fruto das árvores do jardim, mas Deus disse: 'Não comam do fruto da árvore que está no meio do jardim, nem toquem nele; do contrário vocês morrerão'".

Disse a serpente à mulher: "Certamente não morrerão! Deus sabe que, no dia em que dele comerem, seus olhos se abrirão, e vocês, como Deus, serão conhecedores do bem e do mal".

Quando a mulher viu que a árvore parecia agradável ao paladar, era atraente aos olhos e, além disso, desejável para dela se obter discernimento, tomou do seu fruto, comeu-o e o deu a seu marido, que comeu também.

Os olhos dos dois se abriram, e perceberam que estavam nus; então juntaram folhas de figueira para cobrir-se.

GÊNESIS 3:1-7

Adão fez o que Deus lhe disse para não fazer, e ao fazer isso ele se tornou cativo de Satanás, que o havia seduzido a ir contra a Palavra de Deus. Ao ouvir a Satanás e não a Deus, Adão entregou ao inimigo a autoridade de governar a terra que Deus havia dado originalmente ao homem.

Mais tarde, no Novo Testamento, Lucas relata o que Satanás disse a Jesus enquanto Ele estava sendo tentado, testado e provado por quarenta dias no deserto: "O Diabo o levou a um lugar alto e mostrou-lhe num relance todos os reinos do mundo. E lhe disse: 'Eu te darei toda a autoridade sobre eles e todo o seu esplendor, porque me foram dados e posso dá-los a quem eu quiser'" (Lucas 4:5-6).

O diabo disse: "Todo o domínio e a autoridade sobre a terra me foram entregues, e me pertencem". Adão havia recebido a terra em arrendamento da parte de Deus, e ele entregou-a a Satanás. Em 2 Coríntios 4:4, lemos que Satanás é o deus deste mundo, ou poderíamos dizer, o deus do sistema deste mundo. A terra foi arrendada para ele, mas o tempo desse arrendamento está se esgotando, e ele sabe disso.

Deus sempre teve um plano para a redenção do homem. De acordo com W. E. Vine, os dois verbos gregos traduzidos como *redimir* no Novo Testamento significam "comprar" ou "comprar os direitos... principalmente no caso da compra de um escravo com vistas à sua liberdade... significando libertar através do pagamento de um preço de resgate".[10] Deus colocou em prática Seu plano imediatamente quando descobriu que Adão havia lhe desobedecido.

A QUEDA DE ADÃO

Ouvindo o homem e sua mulher os passos do Senhor Deus que andava pelo jardim quando soprava a brisa do dia, esconderam-se da presença do Senhor Deus entre as árvores do jardim.

Mas o Senhor Deus chamou o homem, perguntando: "Onde está você?" E ele respondeu: "Ouvi teus passos no jardim e fiquei com medo, porque estava nu; por isso me escondi".

E Deus perguntou: "Quem lhe disse que você estava nu?

---

[10] W. E. Vine's Expository Dictionary of Old and new Testament Words (Old Tappan: Fleming H. Revell Company, 1981), Volume 3: Lo-Ser, p. 263, tradução nossa.

Você comeu do fruto da árvore da qual lhe proibi comer?"

Disse o homem: "Foi a mulher que me deste por companheira que me deu do fruto da árvore, e eu comi".

O Senhor Deus perguntou então à mulher: "Que foi que você fez?" Respondeu a mulher: "A serpente me enganou, e eu comi".

Então o Senhor Deus declarou à serpente: "Uma vez que que você fez isso, maldita é você entre todos os rebanhos domésticos e entre todos os animais selvagens! Sobre o seu ventre você rastejará, e pó comerá todos os dias da sua vida. Porei inimizade entre você e a mulher, entre a sua descendência e o descendente dela; este lhe ferirá a cabeça, e você lhe ferirá o calcanhar".

GÊNESIS 3:8-15

Creio que antes de Adão pecar, ele estava vestido com a glória de Deus. Assim que Adão e Eva pecaram, eles perceberam que estavam nus. Poderíamos dizer que eles perderam sua cobertura. Enquanto obedeceram a Deus, eles estavam protegidos de tudo que o diabo queria fazer a eles — e finalmente fazer a Deus, através deles. Ao ver o que o diabo havia feito, Deus imediatamente anunciou sua condenação e lhe disse como isso aconteceria.

Satanás na verdade não entendeu o que Deus estava dizendo; apesar disso, Deus o disse, e assim tinha de acontecer: "Porei inimizade entre você e a mulher, entre a sua descendência e o descendente dela; este lhe ferirá a cabeça, e você lhe ferirá o calcanhar".

Ferir a cabeça significa ferir a autoridade. Deus disse que a semente da mulher (Jesus) tomará a autoridade de Satanás.

Este ferirá o calcanhar dele (afligirá o Seu corpo — tanto na cruz quanto afligindo a humanidade).

Jesus morreu na cruz por nós, e ao fazer isso tomou a autoridade dada por Adão a Satanás e a devolveu a toda pessoa que venha a crer — não apenas no fato de Jesus ter morrido por ela, mas também de Satanás ter perdido a autoridade que possuía sobre ela.

Você e eu precisamos entender não apenas que Jesus morreu por nós, mas que Ele também nos *redimiu!*

Suponhamos que um rei tivesse um filho, o príncipe do reino, alguém que se sentasse ao lado dele e governasse juntamente com ele. Agora suponhamos que esse filho fosse raptado por um vilão. O rei certamente teria um plano para resgatar seu filho. Quando ele o recuperasse, não apenas o levaria para casa, como também lhe restituiria o seu lugar de direito ao seu lado no trono.

Foi isto que Deus fez por nós em Cristo Jesus.

A RESTAURAÇÃO DE ADÃO

> ...Deus nos ressuscitou com Cristo e com ele nos fez assentar nos lugares celestiais em Cristo Jesus.
>
> EFÉSIOS 2:6

Durante anos acreditei que Jesus havia morrido por meus pecados e que quando eu morresse iria para o céu, pois eu acreditava nele. Mas há mais questões envolvidas na nossa redenção. Há uma vida de vitória que Deus deseja para você e para mim *agora*.

A nossa posição "em Cristo" deve ser a de estarmos sentados à direita do Senhor Deus Onipotente. É impossível vivermos vitoriosamente nesta terra sem entendermos e atuarmos na nossa autoridade e domínio que temos por direito sobre o diabo e todas as suas obras. Assim, enfatizo a necessidade de entendermos totalmente a redenção.

A REDENÇÃO DE ADÃO

> Nele temos a redenção por meio de seu sangue, o perdão dos pecados, de acordo com as riquezas da graça de Deus.
>
> EFÉSIOS 1:7

Deus quer restituir a mim e a você o lugar de autoridade que nos pertence. Ele já tomou todas as providências para que isso aconteça; poderíamos dizer que Ele já "fechou o negócio". O preço de compra foi pago na íntegra. Fomos comprados por um preço, o sangue precioso de Jesus.

Fomos libertos do pecado e de toda a "morte" trazida por ele. Quando Deus disse a Adão que ele certamente morreria se comesse do fruto proibido, Ele não quis dizer que iria imediatamente parar de respirar e deixar de existir. Ele quis dizer que a morte entraria na terra. Dali por diante o homem precisaria lidar com a morte em todas as suas formas.

A preocupação, a ansiedade e o medo são formas de morte. Os conflitos, a amargura e o ressentimento são formas de morte. A doença e a enfermidade são formas de morte. Todos esses elementos são "porções da morte" e resultado do pecado na terra.

O homem era tão cheio de vida (a vida de Deus) que realmente foram necessários séculos para ensiná-lo a morrer. Nos primeiros relatos da história bíblica, as pessoas viviam várias centenas de anos. Creio que isso acontecia porque elas ainda estavam tão cheias da força vital de Deus que a morte precisava trabalhar por algum tempo até conseguir acabar com elas.

Mas Deus comprou de volta a coroa da glória da Sua criação. Ele nos comprou com o sangue do Seu próprio Filho — o sangue precioso de Jesus!

Oh, o sangue! Que tesouro inestimável ele é! Por que foi necessário o sangue para comprar a nossa salvação? Porque a vida está no sangue, e a vida é o único antídoto para a morte.

Se uma pessoa acidentalmente tomar veneno, ela precisa encontrar depressa o antídoto certo. Não serve qualquer coisa, precisa ser o antídoto específico para anular o veneno. Com a morte acontece o mesmo; o único antídoto para ela é a vida — e a vida está no sangue.

COMPRADO PELO PRECIOSO SANGUE

> Porque fostes comprados por bom preço; glorificai, pois, a Deus no vosso corpo, e no vosso espírito, os quais pertencem a Deus.
>
> 1 CORÍNTIOS 6:20, ACF

Diga em voz alta para si mesmo: "Eu fui comprado por um preço; comprado por uma preciosidade; fui pago e fui feito propriedade de Deus".

Em 1 Coríntios 7:23 a Bíblia diz: "Vocês foram comprados por alto preço [comprados por uma preciosidade e pagos por

Cristo]; não se tornem escravos de homens [mas considerem-se escravos de Cristo]" (AMP).

Vocês foram comprados por um preço, comprados por uma preciosidade, e a coisa preciosa pela qual vocês foram comprados foi o sangue de Jesus Cristo: "Mas [vocês foram comprados] pelo precioso sangue de Cristo, como de um cordeiro sem mancha e sem defeito" (1 Pedro 1:19).

O sangue de Jesus é precioso perante o Pai e deve ser precioso para nós. Precioso significa valioso. Algo precioso é algo que protegemos e cuidamos, algo de que não queremos abrir mão. O sangue de Jesus é precioso, e ele deve ser honrado e respeitado. Uma das maneiras de honrarmos o sangue é cantando sobre ele, falando sobre ele, estudando sobre ele e meditando nele.

Temos um cartaz que levamos conosco e exibimos nas nossas reuniões. É um cartaz que honra o sangue de Jesus. Certa noite, depois de uma reunião, uma mulher idosa me procurou e disse: "Agora sei a razão pela qual o seu ministério é abençoado; você honra o sangue de Jesus". Na verdade, alguém havia nos dado aquele cartaz e nós o penduramos porque o achamos bonito, mas o comentário daquela mulher falou ao meu coração que realmente precisávamos sempre honrar o sangue.

Costumo dizer ao meu líder de louvor: "Cante músicas sobre o nome de Jesus e sobre o sangue de Jesus". Frequentemente eu o encorajo a abrir uma reunião com cânticos sobre o nome ou o sangue. Faço isso especialmente quando sinto algum tipo de opressão do inimigo, pois eu sei que o diabo tem medo do sangue.

12

POR QUE SATANÁS TEM MEDO DO SANGUE?

> E, tendo despojado os poderes e as autoridades, fez deles um espetáculo público, triunfando sobre eles na cruz.
>
> Colossenses 2:15

> E por meio dele reconciliasse consigo todas as coisas, tanto as que estão na terra quanto as que estão no céu, estabelecendo a paz pelo seu sangue derramado na cruz.
>
> Colossenses 1:20

Estas Escrituras nos revelam claramente por que Satanás tem medo do sangue derramado na Cruz — porque foi pelo sangue que ele foi derrotado!

Vamos usar nossa imaginação santa e pensar em como deve ter se desenrolado a cena da Cruz no dia em que Jesus morreu. Primeiro, Ele havia sido espancado e recebido trinta e nove chicotadas em Suas costas, de modo que Ele estava sangrando devido a essas lacerações. Então uma coroa de espinhos foi enterrada em Sua cabeça.

Li que esses espinhos provavelmente tinham 4 centímetros de comprimento e eram duros e afiados. Quando a coroa de espinhos foi colocada na cabeça de Jesus, ela não foi colocada ali suavemente, mas sua colocação foi forçada de forma tão dura que causou dor e sangramento. O sangue deve ter escorrido pelo Seu rosto adorável, encharcando Seus cabelos e barba. Certamente houve sangramento decorrente dos cravos em Suas mãos e pés. O Seu lado foi perfurado com uma espada, e água e sangue jorraram do ferimento.

Sangue, sangue... por toda parte onde se olhasse havia sangue. Ele estava escorrendo do Seu corpo, encharcando o pé da cruz ou o "altar" sobre o qual Ele foi oferecido pelos pecados da humanidade.

O SANGUE FAZ EXPIAÇÃO

> Não ofereçam nesse altar nenhum outro tipo de incenso nem holocausto nem oferta de cereal nem derramem sobre ele ofertas de bebidas. Uma vez por ano, Arão fará propiciação sobre as pontas do altar. Essa propiciação anual será realizada com o sangue da oferta para propiciação pelo pecado, geração após geração. Esse altar é santíssimo ao Senhor.
>
> ÊXODO 30:9-10

Vemos simbologias e imagens da crucificação no Antigo Testamento. Quando o sumo sacerdote entrava no Santo dos Santos no Dia da Expiação para oferecer sacrifícios pelos seus próprios pecados e pelos pecados do povo, ele precisava fazer isso com sangue.

Veremos isso novamente em Levítico 17:11: "Pois a vida da carne está no sangue, e eu o dei a vocês para fazerem propiciação por si mesmos no altar; é o sangue que faz propiciação pela vida."

O ato praticado pelo sumo sacerdote de oferecer o sangue de animais era um simbolismo, uma mera representação, uma sombra do que estava por vir. Esses sacerdotes precisavam entrar ano após ano e realizar os mesmos sacrifícios. Os pecados deles e do povo não eram lavados, mas apenas cobertos. O sangue dos animais era colocado sobre os seus pecados para fazer expiação por eles, mas aquela não era uma obra consumada. O livro de Hebreus nos ensina que quando Jesus consumou a obra do sacrifício, Ele pôs fim aos sacrifícios contínuos.

Meu marido sempre disse aos nossos filhos e a alguns de nossos funcionários: "Se vocês fizerem o trabalho direito, não precisarão ficar repetindo-o várias vezes seguidas."

Foi isso que Jesus fez por nós, de uma vez por todas.

DE UMA VEZ POR TODAS

> Não por meio de sangue de bodes e novilhos, mas pelo seu próprio sangue, ele entrou no Santo dos Santos, uma vez por todas, e obteve eterna redenção.
>
> HEBREUS 9:12

Poderíamos dizer que Jesus fez o Seu trabalho direito. Tudo até aquele momento foi feito para nos suprir durante determinado período, por assim dizer, até à plenitude do tempo de Deus. Quando chegou o tempo de colocar em ação o plano que Ele havia anunciado no Jardim do Éden, Deus enviou o Seu Filho para fazer o trabalho direito. Jesus ofereceu o Seu sangue de uma vez por todas. O que significa duas coisas: 1) Ele nunca precisará fazer isso novamente, e 2) Ele fez isso por todos.

Sob a Velha Aliança, os pecados do povo eram cobertos, mas eles nunca ficavam livres da consciência do pecado. O sangue de touros e bodes podia ser usado para a purificação do corpo de um homem, mas ele nunca poderia alcançar seu homem interior e purificar sua consciência (ver Hebreus 10:1-3).

Isso exigia um tipo diferente de sangue operando a partir de um espírito diferente.

O SANGUE E O ESPÍRITO

> Ora, se o sangue de bodes e touros e as cinzas de uma novilha espalhadas sobre os que estão cerimonialmente impuros os santificam, de forma que se tornam exteriormente puros, quanto mais o sangue de Cristo, que pelo Espírito eterno se ofereceu de forma imaculada a Deus, purificará a nossa consciência de atos que levam à morte para que sirvamos ao Deus vivo!
>
> HEBREUS 9:13-14

Observe que Jesus ofereceu Seu sangue pelo Espírito. O Espírito e o sangue trabalham juntos. O Espírito Santo prometido não podia ser derramado no Dia de Pentecostes antes que o sangue fosse derramado na Cruz do Calvário. O sangue e o

Espírito ainda trabalham juntos até hoje. Honre o sangue em sua vida, e você verá o Espírito ser derramado sobre ela.

Vivemos nos últimos dias, em um tempo em que Deus prometeu derramar Sua glória sobre o Seu povo (Joel 2:28-32). Nestes tempos do fim, percebi uma importante intensificação do ensinamento sobre o sangue de Jesus. Vários livros novos foram escritos recentemente sobre o sangue. Deus está equipando o Seu povo. Ele está pronto para demonstrar a Sua glória, mas devemos honrar o sangue. Precisamos saber que quando Deus se move poderosamente, Satanás também se move contra Ele, e contra nós, com uma força vingativa. O sangue é a nossa proteção, e Satanás tem medo desse sangue.

Este livro é um dos meios escolhidos pelo Senhor para ajudar a equipar você para ser um vencedor na guerra desses últimos dias.

O SANGUE DERRAMADO ELIMINA O PECADO

> Deus tornou pecado por nós aquele que não tinha pecado, para que nele nos tornássemos justiça de Deus.
>
> 2 CORÍNTIOS 5:21

A cruz de Jesus Cristo, o altar sobre o qual Ele se ofereceu, foi e precisava ser coberto com sangue.

Em Êxodo vemos o exemplo do Antigo Testamento: "Com o dedo, coloque um pouco do sangue do novilho nas pontas do altar e derrame o resto do sangue na base do altar... Sacrifique-o, pegue o sangue e jogue-o nos lados do altar" (Êxodo 29:12,16). No sacrifício hebreu pelo pecado, o sangue era lançado contra o altar e derramado em sua base. Vemos acontecer o mesmo quando Jesus é crucificado pelos nossos pecados. Sangue sobre todo o altar (a cruz) e escorrendo pelo altar (a cruz) e sendo derramado por toda a base do altar (a cruz).

O próprio Jesus estava coberto de sangue. Precisava ser assim porque Ele estava levando os nossos pecados sobre si, estava se tornando o nosso pecado por nós. O pecado gera morte, e só a vida pode vencer a morte. A vida está no sangue; portanto, quando Jesus levou os nossos pecados sobre si para fazer expiação por eles, o Seu sangue teve de ser derramado para que a morte fosse envolvida pela vida.

Em Êxodo 29:20 vemos um simbolismo e uma representação do Antigo Testamento em que o sumo sacerdote deveria ser ungido com sangue para ser santificado e assim ministrar em favor do povo: "E imolarás o carneiro e tomarás do seu sangue, e o porás sobre a ponta da orelha direita de Arão, e sobre as pontas das orelhas direitas de seus filhos, como também sobre os dedos polegares das suas mãos direitas, e sobre os dedos polegares dos seus pés direitos; e o restante do sangue espalharás sobre o altar ao redor (ACF)."

Todas as cerimônias da Velha Aliança apontavam para a morte e o sangue derramado de Jesus Cristo, mas o povo não entendia que seus atos eram uma representação. Poderíamos dizer até que elas eram profecias dos acontecimentos que estavam por vir.

Deus conhecia o Seu próprio plano, mas a Bíblia chama isso de "o mistério que esteve oculto desde todos os séculos, e em todas as gerações, e que agora foi manifesto aos seus santos" (Colossenses 1:26, ACF).

SE SATANÁS SOUBESSE...

> Entretanto, falamos de sabedoria entre os que já têm maduridade, mas não da sabedoria desta era ou dos poderosos desta era, que estão sendo reduzidos a nada.
>
> Ao contrário, falamos da sabedoria de Deus, do mistério que estava oculto, o qual Deus preordenou, antes do princípio das eras, para a nossa glória.
>
> Nenhum dos poderosos desta era o entendeu, pois, se o tivessem entendido, não teriam crucificado o Senhor da glória.
>
> 1 Coríntios 2:6-8

Se Satanás soubesse o que estava fazendo quando crucificou o Senhor da glória, jamais o teria feito. Ele pensou que a crucificação seria sua maior vitória, mas ela na verdade foi a sua derrota definitiva.

Se ele soubesse o que estava fazendo quando providenciou aquele espancamento onde Jesus recebeu trinta e nove chicotadas em Suas costas... se soubesse o que estava fazendo quando incitou os soldados a fazerem aquela coroa de espinhos e a enterrarem no crânio de Jesus até que o sangue escorresse por Seu rosto e por Sua barba... se soubesse o que estava fazendo quando perfurou Suas mãos e pés e mais tarde o Seu lado... se ele soubesse o que estava fazendo quando providenciou aquele derramamento de sangue que redimiu o homem para Deus, ele certamente nunca teria feito nada disso.

Não é de admirar que Satanás odeie o sangue. Não é de admirar que tenha medo dele. Se ele soubesse o que estava fazendo, jamais teria derramado aquele sangue inocente. Mas tudo isso foi feito "de uma vez por todas", e jamais poderá ser desfeito.

Satanás não poderia ter tocado em Jesus se o Pai não o tivesse permitido. Mas Ele permitiu, pois possuía um plano glorioso, um mistério oculto pelos séculos e gerações, mas que agora foi revelado a nós em Jesus Cristo.

Muito frequentemente em nossa vida, Satanás pensa estar fazendo algo terrível conosco que irá nos eliminar, e, no entanto, Deus tem outros planos completamente diferentes. Ele pretende usar aquilo que foi preparado por Satanás para o nosso mal e fazer com que coopere não apenas para o nosso bem, mas para o bem de muitas vidas a quem iremos ministrar.

Quando você for tentado a desistir em tempos de provação, lembre-se sempre de Romanos 5:17-19: "Se pela transgressão de um só a morte reinou por meio dele, muito mais aqueles que recebem de Deus a imensa provisão da graça e a dádiva da justiça reinarão em vida por meio de um único homem, Jesus Cristo. Consequentemente, assim como uma só transgressão resultou na condenação de todos os homens, assim também um só ato de justiça resultou na justificação que traz *vida* a todos os homens. Logo, assim como por meio da desobediência de um só homem muitos foram feitos pecadores, assim também, por meio da obediência de um único homem muitos serão feitos justos."

A morte foi transmitida a todos os homens por meio do pecado de Adão, mas a vida foi transmitida ou disponibilizada a todos os homens por meio da justiça de Jesus Cristo. Mas não sem derramamento de sangue, pois a vida está no sangue!

13

PROTEGIDO PELO SANGUE

> Pela fé celebrou a Páscoa e fez a aspersão do sangue, para que o destruidor não tocasse nos filhos mais velhos dos israelitas.
>
> HEBREUS 11:28

Precisamos aprender hoje a "usar" o sangue. Assim como aprendemos que recebemos o nome de Jesus e precisamos usá-lo, agora aprenderemos que recebemos o sangue de Jesus e precisamos saber usá-lo. Possuir algo não adianta nada a não ser que saibamos como nos apropriar dele e usá-lo.

Se eu tivesse um carro na minha garagem, mas não soubesse dirigi-lo, ele não me levaria aonde eu preciso ir. Se eu tivesse um forno a lenha na minha cozinha, mas não soubesse como usá-lo, ele não me ajudaria a preparar uma refeição para mim ou para minha família. Se eu possuísse um sistema de alarme em casa, mas não soubesse usá-lo, ele não me daria muita proteção contra os ladrões.

Todos os crentes possuem o sangue de Jesus, mas poucas e preciosas pessoas entendem o seu valor. Poucas sabem como usá-lo em sua vida diária para supri-las e para proteger a elas e às suas propriedades.

Para entender completamente o papel e a função do sangue na nossa vida diária, vamos ver um exemplo do Antigo Testamento.

O SANGUE COMO SINAL DE PROTEÇÃO

> Passem, então, um pouco do sangue nas laterais e nas vigas superiores das portas das casas nas quais vocês comerão o animal [...]
>
> O sangue será um sinal para indicar as casas em que vocês estiverem; quando eu vir o sangue, passarei adiante. A praga de destruição não os atingirá quando eu ferir o Egito.
>
> ÊXODO 12:7,13

Deus havia ouvido o clamor do Seu povo mantido em cativeiro no Egito. Ele lhes enviara um libertador cujo nome era Moisés, que estava tratando com Faraó para deixar o Seu povo ir, mas Faraó estava sendo teimoso. Diversas pragas foram enviadas ao Egito para convencer Faraó de que seria melhor ele deixar o povo de Deus ir.

Então o Senhor revelou a Moisés que o anjo da morte estava para visitar o Egito e todos os primogênitos iriam morrer. Mas Deus deu instruções a Moisés sobre como o Seu povo seria protegido. Eles deveriam matar um cordeiro, tomar o seu sangue e colocá-lo dos dois lados das ombreiras da porta e na verga (espaço acima da porta) de suas casas. Deus prometeu a eles que se fizessem isso, quando Ele passasse pela terra e visse o sangue, Ele passaria sobre as casas e eles não sofreriam dano.

Deus ordenou que os israelitas usassem o sangue de um cordeiro como um símbolo ou um sinal de que não sofreriam dano. Observe que o Senhor disse a eles: "... quando eu vir o sangue, passarei adiante". Para que eles estivessem protegidos, Deus precisava ver o sangue, e não poderia vê-lo se eles não o tivessem *colocado* nas laterais e em cima da verga da porta de suas casas.

As pessoas colocavam o sangue fisicamente em suas casas, porém, mais uma vez, vemos que a Nova Aliança é melhor do que a Velha. Como "colocamos" o sangue sobre nossas vidas e casas? Fazemos isso pela fé. Simplesmente dizendo pela fé "coloco o sangue de Jesus sobre a minha vida e a minha casa".

Quando estou aplicando o sangue, costumo orar assim: "Pai, venho a Ti em nome de Jesus, e coloco o sangue de Jesus sobre a minha vida e sobre tudo o que me pertence, sobre tudo aquilo de que Tu me fizeste um mordomo. Coloco o sangue de Jesus sobre minha mente, meu corpo, minhas emoções e minha vontade. Coloco o sangue sobre meus filhos, meus funcionários e sobre todos os parceiros do Ministério Vida na Palavra".

Meu marido e eu nos hospedamos em diversos hotéis por causa de nossas viagens com o ministério. Muito frequentemente, enquanto desfaço as malas e me instalo em um quarto de hotel, eu "invoco" o sangue ou "coloco" o sangue sobre o quarto, para limpar ou remover qualquer espírito errado que possa estar ali proveniente de outros hóspedes. Faço isso orando, falando sobre o sangue na minha oração.

Certa manhã, há não muito tempo, Dave e eu fizemos o nosso cheque do dízimo para entregarmos para a obra do Senhor. Ao fazermos isso, impusemos as mãos sobre o cheque e oramos. Peguei todos os nossos talões de cheques e minha carteira e Dave pegou sua carteira e impusemos as mãos sobre eles e colocamos o sangue sobre eles, pedindo a Deus para proteger o nosso dinheiro, para fazer com que ele multiplicasse e para que providenciasse para que Satanás não pudesse roubar nada de nós.

Creio que existem muitos crentes que precisam fazer o mesmo. Você talvez seja um deles. Neste caso, *precisa* começar a usar o sangue de Jesus e também a "viver debaixo do sangue". Você *precisa* começar a orar colocando o sangue sobre seus filhos, sobre o seu carro, sobre a sua casa, sobre o seu corpo.

Talvez você esteja lutando contra suas emoções feridas. Se for esse o caso, coloque o sangue sobre as suas emoções para não continuar se sentindo devastado por causa de pessoas que parecem não saber como lhe dar o que você sente que precisa receber delas. Se você está doente no seu físico, invoque o sangue sobre o seu corpo. A vida está no sangue; ela pode expulsar a morte e a enfermidade.

O CORDÃO ESCARLATE

> Pela fé a prostituta Raabe, por ter acolhido os espiões, não foi morta com os que haviam sido desobedientes.
>
> HEBREUS 11:31

A prostituta Raabe usou um cordão vermelho como símbolo do sangue e foi salva da destruição quando a cidade de Jericó foi destruída. Ela havia ocultado os espias que Josué havia enviado para espiar a terra. Por causa dela, eles foram mantidos em segurança escondidos do rei que os teria matado. Antes que os espias partissem de sua casa, Raabe pediu a eles que a protegessem assim como ela os havia protegido.

Em resposta ao seu pedido por proteção, eles lhe disseram: "Se, quando entrarmos na terra, você não tiver amarrado este cordão vermelho na janela pela qual nos ajudou a descer, e se não tiver trazido para a sua casa o seu pai e a sua mãe, os seus irmãos e toda a sua família. Qualquer pessoa que sair da casa será responsável por sua própria morte; nós seremos inocentes. Mas, seremos responsáveis pela morte de quem estiver na casa com você, caso alguém toque nessa pessoa" (Josué 2:18,19).

Que exemplo maravilhoso do que podemos experimentar hoje!

Aqueles homens disseram à Raabe: "Fique debaixo do cordão escarlate, e você estará segura. Não apenas você, mas todos os da sua família que levar consigo. Mas se alguém sair de debaixo da proteção do cordão escarlate, será destruído."

Eles haviam aprendido sobre a Páscoa. Sabiam que seus ancestrais haviam sido protegidos pelo sangue do cordeiro quando ele foi colocado nos umbrais e nas vergas das portas de suas casas no Egito. Agora aquela mulher que os havia ajudado estava em busca de proteção, e eles lhe disseram, de fato: "Entre debaixo do cordão vermelho (o sangue) e fique ali."

O cordão vermelho ou escarlate representa o sangue de Jesus que percorre toda a Bíblia. Use esse cordão como um símbolo sobre você e sua família. Quando Deus o vir, Ele passará por sobre você.

O diabo quer que você se esqueça do sangue e não preste atenção nele. Ele não quer você falando sobre ele, cantando sobre ele ou estudando sobre ele. Não deixe que ele o impeça de fazer isso.

Percebi em minha própria vida que de vez em quando o Espírito Santo me leva a ler um livro sobre o sangue de Jesus, assim como sobre o nome dele. Conheço essas verdades bíblicas, mas o Espírito quer refrescar o meu entendimento a respeito delas e quer ativar a minha fé nessas coisas. Quando somos motivados em relação a alguma dessas verdades, começamos a aplicá-las de forma mais fervorosa. Passamos a ser zelosos em áreas nas quais podemos ter esfriado.

Você deve possuir diversos livros sobre esses assuntos: o nome de Jesus e o sangue de Jesus. Então, quando sentir necessidade de ser motivado mais uma vez a aplicar essas verdades importantíssimas, você terá as informações de que precisa. Este livro que está lendo neste instante pode ser um verdadeiro tesouro para você, pois neste único volume você pode estudar sobre a Palavra, o nome e o sangue ao mesmo tempo.

INVOCANDO O SANGUE

> Tu és justo, Senhor, quando apresento uma causa diante de ti. Contudo, eu gostaria de discutir contigo sobre a tua justiça. Por que o caminho dos ímpios prospera? Por que todos os traidores vivem sem problemas?
>
> JEREMIAS 12:1

Quero dizer uma coisa sobre a expressão "invocar o sangue", porque alguns acham que é errado ensinar as pessoas a invocarem o sangue de Jesus.

Uma mulher me procurou certa noite depois de uma reunião onde havia me ouvido usar a expressão "invocar o sangue". Ela me disse que era errado invocar o sangue, por não sermos mendigos, mas filhos de Deus e, portanto, devemos "aplicar" ou "colocar" o sangue, e não "pedir por ele".

Se a palavra "invocar" ou suplicar fosse apenas uma expressão usada por um mendigo, então ela estaria correta, porque somos filhos de Deus e com certeza não somos mendigos. Mas "invocar", usado neste sentido, significa "peticionar", que é um termo legal e não tem nada a ver com implorar.

Você e eu temos o direito legal de usar o sangue de Jesus, assim como temos o direito legal de usar o nome de Jesus. Ele nos foi dado, e por isso temos o *direito* de usá-lo.

Primeiramente, vamos verificar o que quer dizer a palavra "peticionar" no dicionário *Webester's II New Riverside University*. Eis o que diz ali, em parte: "Apelar tenazmente... Apresentar uma petição de uma natureza específica em um tribunal... Dirigir-se a um tribunal como advogado... Afirmar ou encorajar como defesa, justificativa ou desculpa... Apresentar como resposta a uma acusação, denúncia ou declaração feita contra alguém."[11]

Deixe-me dizer aqui que Satanás certamente quer nos acusar; na verdade, ele é chamado o acusador dos nossos irmãos (ver Apocalipse 12:10). Nossa única defesa é o sangue de Jesus. Não podemos oferecer nossa própria justiça ou a lista perfeita do nosso bom comportamento, mas podemos oferecer o sangue de Jesus. Na verdade, não ousamos oferecer nada além do sangue!

---

[11] Webster's II New Riverside University Dictionary, s.v "plead", tradução nossa.

Quando você tenta orar, o diabo pode tentar acusá-lo lembrando-lhe dos seus pecados e erros passados. Não tem sentido discutir com ele ou tentar se defender. Às vezes simplesmente digo a ele: "Ah, obrigada, Sr. Diabo, por me lembrar dos meus pecados; agora posso me lembrar novamente do quanto o sangue de Jesus é precioso, pois ele já me purificou de todos eles." Ou quando o diabo traz à tona algum pecado, caso seja um do qual ainda não me arrependi, ele apenas me lembra de que preciso fazer isso — e assim ele perde mais uma vez.

O diabo é um legalista no mais alto grau, e o melhor seria que você e eu usássemos todos os nossos direitos legais ao lidarmos com ele. Temos direito legal ao sangue de Jesus, e quando invocamos o sangue estamos exercendo esse direito, e não fazendo uma petição no sentido que a maioria das pessoas entende esse termo fora do seu sentido legal.

Um estudo das palavras gregas traduzidas como "pedir", "pedinte" ou "pobre", no *Vine's Expository Dictionary of Old and New Testament Words* revela que a forma verbal significa "pedir... intensamente... pedir tenazmente, importunar, continuar pedindo".[12] Uma forma mais suave deste mesmo verbo é traduzida simplesmente por "pedir". Quando oro, não me considero como alguém que está pedindo, mas estou defendendo a minha causa diante de Deus e dizendo a Ele que estou esperando por Sua ajuda e intervenção. Jeremias considerava-se como sendo alguém que estava apresentando a sua causa perante Deus quando orou em Jeremias 12:1.

---

[12] W. E. Vine, *Vine's Expository Dictionary of Old and New Testament Words* (Old Tappan: Fleming H. Revell Company, 1981), Volume 1: A-Dys, p. 109, tradução nossa.

Quando oro, usando o nome de Jesus ou invocando o Seu sangue, estou apenas exercendo meus direitos legais. Apresento a minha causa partindo do fato de que Jesus derramou o Seu sangue e morreu por mim; portanto, Satanás não tem direito de me governar, acusar, condenar ou de fazer qualquer coisa comigo ou com qualquer coisa que me pertença.

Seja qual for a expressão que você decidir usar, a decisão é sua, mas o ponto principal é: "use" o sangue. Ore usando o sangue, coloque o sangue, aplique o sangue, aproprie-se do sangue ou invoque o sangue — mas, para o seu próprio bem, faça alguma coisa com ele!

O SANGUE E A AUTORIDADE RESTAURADA

> Pois não temos um sumo sacerdote que não possa compadecer-se das nossas fraquezas, mas sim alguém que, como nós, passou por todo tipo de tentação, porém, sem pecado.
> Assim, aproximemo-nos do trono da graça *com toda a confiança*, a fim de recebermos misericórdia e encontrarmos graça que nos ajude no momento da necessidade.
>
> HEBREUS 4:15,16

Mencionei que Deus deseja devolver a você e a mim nossa posição de autoridade à qual temos direito. Nascemos destinados ao trono, e não a uma pilha de cinzas nesta vida. Esse tipo de pensamento não tem a intenção de gerar em nós uma atitude orgulhosa ou arrogante, mas na verdade deveria nos humilhar. Quando vemos o que Deus fez por nós por meio de Jesus Cristo, e o quanto não somos merecedores, isso deveria gerar humildade — que na verdade é o ponto de partida de Deus para o poder.

O poder de Deus e o orgulho não se misturam, portanto não tenha medo de aprender sobre sua autoridade como crente. Quanto mais você aprender sobre quem realmente é em Cristo Jesus, mais humilde será.

Hebreus 4:15,16 são versículos bíblicos impressionantes. No versículo 16 destaquei a expressão *com toda a confiança*, para chamar a atenção para ela. Por que você e eu podemos entrar com confiança diante de Deus? Somente por causa do sangue!

Medite em Hebreus 12:24 que nos diz que chegamos a Jesus "mediador de uma nova aliança, e ao sangue aspergido, que fala melhor do que o sangue de Abel".

Em Gênesis 4:10, que nos diz como Caim matou Abel, lemos as seguintes palavras: "Disse o Senhor: 'O que foi que você fez? Escute! Da terra o sangue do seu irmão está clamando."Vemos que o sangue de Abel tinha uma voz. Ela clamava por justiça. O sangue de Jesus também tem uma voz; ela está agora mesmo no trono de misericórdia no céu clamando: "MISERICÓRDIA! MISERICÓRDIA!" para todos aqueles que creem nele.

Se você nunca entender a misericórdia de Deus, nunca andará em verdadeira vitória. A misericórdia não pode ser conquistada. A própria natureza da misericórdia implica em ser gentil e perdoador com alguém que não merece, ou optar por não punir alguém que merece ser punido. Quando o sumo sacerdote do Antigo Testamento entrava no Santo dos Santos no Dia da Expiação, para fazer expiação pelos seus pecados e pelos pecados do povo, ele entrava com o sangue. E uma parte desse sangue era colocada sobre o trono de misericórdia e ao redor dele (ver Levítico 16:14,15). Deus perdoava aquelas pessoas por causa da Sua misericórdia, não porque elas mereciam — e o mesmo acontece hoje. Recebemos misericórdia por causa do sangue.

O sangue de Jesus está no trono de misericórdia celestial; ele tem uma voz e está clamando por misericórdia para os filhos de Deus.

Embora hoje eu ame ensinar sobre a misericórdia, levei muito tempo para entendê-la. O problema era que eu estava tentando entendê-la com a minha mente, tentando compreender a justiça dessa misericórdia e tentando conquistá-la. Foi um dia de grande libertação para mim quando finalmente vi que a misericórdia é um dom da graça de Deus e do Seu amor, e que ela não tem nada a ver comigo, exceto pelo fato de que eu preciso aprender a recebê-la. Tentar merecer um presente gratuito é um exercício realmente frustrante.

Você e eu podemos nos aproximar *com toda a confiança* do trono e receber misericórdia para os nossos erros. Podemos andar na autoridade com a qual Jesus nos revestiu. Podemos exercer autoridade sobre Satanás e seus exércitos demoníacos por causa de Jesus e do Seu sangue, e não por nossa causa ou por causa de qualquer coisa que possamos fazer para merecer esse privilégio. Podemos realmente dizer: *"Há poder no sangue de Jesus!"*

Entender o poder que há no sangue retira a pressão de cima de você e de mim para executarmos, conquistarmos, merecermos ou fazermos qualquer coisa a não ser crer e obedecer. Passei anos tentando obedecer para poder provar a Deus que eu tinha fé e o amava. Mas eu havia entendido tudo de trás para frente. Primeiro precisava entrar em um relacionamento com Ele, através de uma fé simples como a de uma criança, para só então, como resultado de crer, ser fortalecida pelo Espírito Santo para obedecer. Ele me dá a força para obedecer. Não posso receber essa força de qualquer outra fonte.

Comece a aplicar o sangue aos seus problemas, às suas áreas de cativeiro, àquelas coisas que você simplesmente não consegue vencer. Não use sua própria energia tentando vencer, use-a em adoração, louvor, ações de graças e comunhão. Jesus é o Herói Vencedor, e não você e eu.

14

A ALIANÇA DE SANGUE

> "De sua parte", disse Deus a Abraão, "guarde a minha aliança, tanto você como os seus futuros descendentes. Esta é a minha aliança com você e com os seus descendentes, aliança que terá que ser guardada: Todos os do sexo masculino entre vocês serão circuncidados na carne.
> Terão que fazer essa marca, que será o sinal da aliança entre mim e vocês. Da sua geração em diante, todo menino de oito dias de idade entre vocês terá que ser circuncidado, tanto os nascidos em sua casa quanto os que forem comprados de estrangeiros e que não forem descendentes de vocês".
>
> Gênesis 17:9-12

Não posso escrever um livro sobre o sangue de Jesus sem incluir um capítulo sobre as alianças de sangue. A aliança de sangue originalmente foi ideia de Deus; nós podemos encontrá-la no princípio da Bíblia quando Deus fez uma aliança com Abraão e fez isso através do sangue. Todos os diferentes tipos de pessoas usam a aliança de sangue como uma maneira de fazer acordos entre si. A aliança de sangue é usada até mesmo no ocultismo, pois aqueles que se envolvem com ele conhecem a força desse tipo de aliança, embora estejam fazendo uso dela de uma maneira totalmente maligna.

O casamento é chamado de aliança, e de certo modo podemos até dizer que é uma aliança de sangue. Se uma mulher é virgem quando se casa, seguindo o plano original de Deus, ela tem um hímen não rompido, que se romperá e sangrará na primeira vez que ela tiver relações sexuais com seu marido. Em outras palavras, o casal entra em uma aliança e a sela com derramamento de sangue.

Quando Deus fez uma aliança com Abraão, Ele lhe disse para circuncidar-se, assim como a todos os machos de oito anos para cima. O sangue foi derramado sobre aquilo a que podemos nos referir como sendo a fonte da vida: o lugar de onde viria a semente das futuras gerações.

O sangue é um elemento poderoso, porque a vida está no sangue. Quando algo é coberto com sangue, Deus o vê como coberto com vida, estando portanto purificado.

A Bíblia está dividida em duas partes, que são chamadas de Antigo e Novo Testamentos, ou Velha e Nova Alianças. Já vimos o papel que o sangue exerce na Velha Aliança, e agora veremos o papel que o sangue de Jesus exerce na Nova Aliança. Todos nós crentes em Cristo temos literalmente uma aliança de sangue com o Deus Todo-Poderoso, mas se não entendermos a aliança de sangue, deixaremos escapar o poder e a força do que isso realmente significa.

AS BÊNÇÃOS E AS OBRIGAÇÕES DA ALIANÇA

Certa ocasião Davi perguntou: "Resta ainda alguém da família de Saul, a quem eu possa mostrar lealdade por causa de minha amizade com Jônatas?"

2 SAMUEL 9:1

A atitude displicente que a nossa sociedade adota com relação ao casamento indica nossa falta de entendimento a respeito das alianças em geral e a nossa postura casual com relação a elas. Em primeiro lugar, ao contrário da opinião popular, alianças não foram "feitas para serem quebradas". Nos dias do Antigo Testamento, se uma aliança fosse quebrada, a punição para aquele que a quebrava era muito severa. Uma aliança era para toda a vida, e incluía até os descendentes das partes que a firmavam.

O Rei Davi tinha uma aliança com o filho de Saul, Jônatas, e muito depois de Jônatas ter sido morto, Davi estava procurando encontrar parentes de Jônatas a quem ele poderia abençoar por amor a ele (ver 2 Samuel 9). Este exemplo não apenas nos mostra uma faceta importante do relacionamento de aliança, mas ele também é uma ilustração do quanto Deus está disposto a nos abençoar por amor a Jesus. Somos herdeiros de Deus e coerdeiros com Cristo Jesus (ver Romanos 8:17). Portanto, podemos reivindicar tudo a que Jesus tem direito, por causa do nosso direito de herança. Poderíamos dizer que Jesus fez todo o trabalho, e nós colhemos todos os benefícios.

No significado original do termo, uma *aliança* era um assunto muito sério, que não deveria ser tratado de modo leviano. Ao concordar com ela, ambas as partes estavam se obrigando a certas condições que esperavam cumprir. Por exemplo, todos os pertences de uma parte se tornavam propriedade da outra parte. Ao selar a aliança, era exigido que cada parte desse à outra algo considerado por ela como sendo o seu "melhor". Quando Deus pediu a Abraão para lhe dar seu filho Isaque (ver Gênesis 22), Ele estava exercendo esse direito de exigir o melhor de Abraão.

Todos os pontos fortes de uma parte se tornavam os pontos fortes da outra. Os pontos fortes de uma pessoa compensavam as fraquezas da outra. Como é maravilhoso pensarmos neste conceito em termos do nosso relacionamento com Deus. Ele certamente tem muitas coisas que você e eu precisamos, e em um relacionamento de aliança Deus não pode e não quer se recusar a compartilhá-las conosco, ao contrário, Ele nos dará a Sua força para vencermos nossas fraquezas. Por estarmos em um relacionamento de aliança com Deus, podemos confiar nele.

Em uma aliança, embora legalmente a propriedade de um pertencesse ao outro, cada parte podia ter certeza de que a outra não se aproveitaria dela, pois o relacionamento de aliança não permitiria qualquer injustiça. Não houve nem há uma aliança mais forte do que a *aliança de sangue*.

A ALIANÇA DE SANGUE

> Portanto, irmãos, temos plena confiança para entrar no Santo dos Santos *pelo sangue de Jesus*, por um novo e vivo caminho que ele nos abriu por meio do véu, isto é, *do seu corpo*.
> Sendo assim, aproximemo-nos de Deus com *um coração sincero e com plena convicção de fé*, tendo os corações aspergidos para nos purificar de uma consciência culpada e tendo os nossos corpos lavados com água pura. Apeguemo-nos com firmeza à esperança que professamos, *pois aquele que prometeu é fiel*.
> HEBREUS 10:19,20,22,23

Certa vez ouvi um relato de Henry Stanley, o homem enviado por seu governo para encontrar David Livingstone, um missionário e explorador que havia ido para a África e nunca havia retornado. Quando Stanley estava viajando pelo Continente Negro, ele costumava ficar face a face com tribos que não tinham qualquer intenção de permitir que ele e sua equipe passassem em segurança. Muitos dos membros de sua equipe enfrentaram a morte. Então o guia e intérprete passou a mostrar a Stanley que ele precisava "firmar uma aliança" com aquelas tribos, garantindo que se ele fizesse isso eles então se tornariam seus aliados em vez seus inimigos. Embora o pensamento fosse repulsivo para Stanley, ele realmente não tinha escolha se quisesse continuar vivo.

O termo "aliança de sangue" se refere à cerimônia de aliança na qual as partes envolvidas fazem um corte em sua pele e trocam sangue entre si, seja gotejando um pouco do sangue de cada um em uma taça, misturando-os e tomando a mistura, ou cortando seus pulsos e esfregando-os juntos, misturando assim seu sangue e tornando-se "irmãos de sangue" ou "parentes de sangue". Como Stanley se tornaria parente dessas tribos, sua proteção estaria garantida.

Em um dado momento, o chefe de uma tribo muito poderosa exigiu o melhor presente possível de Stanley, um presente que seria difícil para ele dar.

Stanley tinha problemas graves de estômago e por isso só podia beber leite de cabra. Ele só podia comer muito pouco, de modo que o leite de cabra era a sua principal forma de alimentação. Por isso ele possuía uma cabra, e a cabra era o seu bem principal, mas o chefe sinalizou que a desejava. Stanley, naturalmente, hesitou, mas sabia que sua vida dependia de atender ao pedido do chefe. Foi uma decisão difícil. A reação de Stanley demonstrou sua sinceridade. Geralmente Deus exige o nosso melhor, e a nossa reação mostra o quanto somos sinceros. O chefe não precisava da cabra; ele estava testando o comprometimento de Stanley.

Depois de Stanley dar sua cabra ao chefe, ele reagiu dando a ele sua lança. Stanley achou que havia ficado com a pior parte do acordo; ele não podia imaginar o que poderia fazer com aquela velha lança. Entretanto, à medida que continuou com suas viagens, o missionário levou a lança com ele, e coisas estranhas começaram a acontecer. Em toda parte aonde ia, as pessoas se curvavam diante dele. Elas reconheciam a lança como aquela que pertencia ao chefe tribal mais poderoso da África. Stanley soube que pelo fato dele estar de posse da lança, as pessoas lhe davam com prazer tudo que ele pedisse. Ele pediu uma cabra leiteira para substituir aquela que havia dado e foi presenteado com um rebanho inteiro de cabras leiteiras.

Com Deus funciona exatamente assim. Ele exige o nosso melhor, algo do qual é difícil abrirmos mão. Mas, se dermos a Ele o nosso melhor, Ele sempre nos dá o Seu melhor. Às vezes sofremos por aquilo que Deus exige de nós, mas a paciência provará que recebemos de Deus em troca algo muito maior do que qualquer coisa da qual abrimos mão ou foi exigida de nós.

Quando as pessoas faziam uma aliança, nem sempre derramavam seu próprio sangue. Em geral as duas partes ou duas tribos escolhiam um substituto — um para representar cada parte. Esses substitutos derramavam o seu próprio sangue e selavam a aliança em nome daqueles a quem representavam.

Você e eu temos uma aliança de sangue com Deus, e Jesus se tornou o nosso Substituto. Ele derramou o Seu sangue, e fez isso como nosso Representante.

Por causa do que Jesus fez por nós, podemos ter confiança diante de Deus. Hebreus 10:19-23 nos ensina que a nossa aliança de sangue nos dá confiança e liberdade diante de Deus. A Nova Aliança sob a qual vivemos é muito superior à Velha. A Bíblia a chama de um novo e vivo caminho (ver Hebreus 10:20), um caminho construído por meio da Sua carne, que significa o Seu corpo e o Seu sangue.

A SANTA CEIA

> Enquanto comiam, Jesus tomou o pão, deu graças, partiu-o, e o deu aos seus discípulos, dizendo: Tomem e comam; isto é o meu corpo.
>
> Em seguida tomou o cálice, deu graças e o ofereceu aos discípulos, dizendo: Bebam dele todos vocês.
>
> Isto é o meu sangue da aliança, que é derramado em favor de muitos, para perdão de pecados.
>
> MATEUS 26:26-28

Entender a aliança de sangue nos ajuda a entender a Santa Ceia.

Como muitos outros, eu recebi e participei de cultos de Santa Ceia por anos sem realmente entender o que estava fazendo. Eu sabia que o pão e o suco representavam o corpo e o sangue do Senhor Jesus. Eu sabia que Ele havia instruído que comêssemos e bebêssemos em Sua memória (ver Lucas 22:19). Mas existe um significado muito mais profundo e mais glorioso, e ele vem à tona ao estudarmos sobre o sangue.

Geralmente nos referimos a esta cena como "A Última Ceia". Jesus queria comer uma última refeição com Seus discípulos e ser fortalecido na comunhão com eles antes de enfrentar o Getsêmani, Pilatos, o Calvário e toda a agonia que estava por vir. Durante aquela última refeição, Ele falou profeticamente usando o pão e o vinho, instruindo-os a partilhar do Seu corpo partido e do Seu sangue derramado comendo do pão e bebendo do vinho. Em Mateus 26:28, Jesus deixou claro que o Seu sangue selaria e ratificaria, ou validaria, a Nova Aliança que eles deviam ter com o Deus Todo-Poderoso.

Em 1 Coríntios 11:23-24, Paulo dá instruções para recebermos do pão e do fruto da videira. Primeiro, ele corrige os coríntios por se reunirem e ficarem mais preocupados em comer do que em discernir a verdadeira realidade que a Sagrada Comunhão destinava-se a transmitir. Ele lhes diz que devem se assegurar de participar com a atitude correta, lembrando-lhes de que todas as vezes que comessem do pão e bebessem do cálice, estariam trazendo à lembrança afetuosamente a ratificação e o estabelecimento da Nova Aliança no sangue de Jesus Cristo. Eles estariam trazendo à lembrança o Seu corpo partido por eles.

Aquelas pessoas obviamente estavam se reunindo famintas e impacientes demais para esperarem umas pelas outras ou para meditarem na morte e no sangue derramado de Jesus (ver 1 Coríntios 11:20-22, 33,34). Paulo disse que elas deveriam examinar a si mesmas (v. 28), e creio que ele estava dizendo a todos nós para examinarmos a nossa atitude a fim de nos certificarmos de que ela esteja correta, e só então participarmos do pão e do cálice: "Pois quem come e bebe sem discernir o corpo do

Senhor, come e bebe para sua própria condenação" (v. 29).

A Santa Ceia nunca pretendeu ser um ritual vazio com pouco ou nenhum significado aos que participam dele. Primeiramente, tomamos o pão: Jesus é o Pão da Vida, Ele é a Palavra que se fez carne (ver João 6:35; 1:14). Quando participamos do pão, nós o trazemos para dentro de nós, lembrando o que Ele fez por nós. Quando bebemos do cálice, isso equivale a "aspergir o sangue" ou "derramar o sangue" sobre o sacrifício do Seu corpo. Qualquer religião que tente remover o sangue está removendo o poder do Evangelho.

Frequentemente realizo a Santa Ceia em casa durante o meu tempo de comunhão com o Senhor. Significa muito para mim. Muitas pessoas não entendem o fato de poderem simplesmente fazer a sua Santa Ceia. Elas acreditam que alguém precisa dar essa Ceia a elas. Eu costumava pensar que alguma "autoridade espiritual" precisava me servir a Santa Ceia, mas agora entendo que ela é algo do qual posso participar com meus irmãos e irmãs na igreja, ou posso incorporar à minha própria adoração particular. Essa é outra maneira de você e eu honrarmos o sangue de Jesus em nossas vidas diárias.

Quando tomo a Santa Ceia, entendo que Jesus me deu o Seu melhor. Ele deu a Sua vida por mim, e eu quero viver para Ele.

A Santa Ceia pode e deve ser a renovação de um compromisso, uma nova dedicação das nossas vidas a Ele, um lembrete da aliança de sangue que temos com Deus, pois Jesus se colocou no nosso lugar. Ele tomou os nossos pecados sobre si (ver Romanos 3:24). Ele os removeu para tão longe quanto o Oriente está distante do Ocidente, e não se lembra mais deles (ver Salmos 103:12). Ele nos ama e nos dá misericórdia, graça e favor (2 Coríntios 9:14). Estamos assentados com Jesus nos lugares celestiais à direita de Deus (Efésios 2:6).

Ah, o sangue, quão precioso ele é! Quão poderoso ele é!

15

FATOS INTERESSANTES SOBRE O SANGUE

> Eu te louvarei, porque de um modo assombroso, e tão maravilhoso fui feito; maravilhosas são as tuas obras, e a minha alma o sabe muito bem.
>
> Salmos 139:14, ACF

Gostaria de compartilhar com você algumas informações sobre o sangue que percorre nosso corpo físico. Eu as recebi ao longo dos anos de diversas fontes. Creio que você será abençoado e impressionado com a maneira como Deus nos formou. Como a Sua Palavra diz, fomos formados de um modo "assombroso e maravilhoso".

Também vou tentar lhe mostrar a correlação espiritual de alguns desses fatos. Assim como vimos que muitas práticas do Antigo Testamento eram simbologias e representações de coisas melhores que estavam por vir na Nova Aliança, se observarmos e estudarmos cuidadosamente poderemos aprender que às vezes elementos do mundo natural representam a dimensão espiritual.

Deixe-me registrar aqui desde já que não sou médica nem enfermeira. Talvez nem todos os detalhes de minha análise científica estejam minuciosamente corretos, mas creio que você conseguirá captar a ideia à medida que prosseguir com a leitura. Por favor, seja paciente com alguns erros menores na minha apresentação dos fatos fisiológicos aplicados à verdade espiritual.

No corpo humano adulto, há cerca de seis litros de sangue, o qual está sendo bombeado constantemente pelo coração. A cada vinte e três segundos, ele circula por todo o organismo. Cada célula do corpo é constantemente alimentada e purificada por esse fluxo de sangue.

Vida é movimento. Para que a vida continue, o sangue precisa continuar circulando através dele o tempo todo. No instante em que o coração para de bombear sangue, ocorre a morte, porque a não ser que o sangue atinja as células, elas morrem — e quando isso acontece, todo o corpo morre. Então a vida está no sangue, e o sangue precisa alcançar as células para manter a força vital fluindo no corpo de uma pessoa. Que tremendo!

Sem um preenchimento constante de sangue, as células começam a morrer instantaneamente. Quando o sangue para, a vida também para. Quando a circulação sanguínea é cortada de um braço ou de uma perna, dizemos que aquela parte do corpo fica "dormente". Na verdade, ela começa a morrer. Se a circulação sanguínea fosse interrompida completamente por tempo suficiente, todo o uso e função daquele membro cessariam — e por fim ocorreria a morte.

De que consiste o sangue? Sua parte líquida é conhecida como plasma, e é transparente. Nela há diversos elementos — um dos quais são as plaquetas (células finas e transparentes cuja função ainda não foi entendida claramente). Então existe o que chamamos de glóbulos vermelhos e brancos. A função dos glóbulos vermelhos é levar combustível e calor para o corpo. São eles que dão ao sangue sua cor vermelha. Também são o agente purificador das células.

O sangue transporta oxigênio, que é a maneira como a vida é transportada às células individuais do corpo. A cada vinte e três segundos, o coração bombeia sangue suficiente para ir a cada célula levando nutrientes para elas.

Quando você e eu comemos, é o nosso sangue que leva o alimento a todas as nossas células. Enquanto transporta alimento, nosso sangue também recolhe todo o material de refugo que envenena o organismo e o transporta para os rins e para o cólon para ser descartado. Então ele volta para o coração, pega um novo suprimento de alimento, o leva de volta às células, recolhe o "lixo", e o lança fora — um ciclo contínuo a cada vinte e três segundos.

É isto que acontece constantemente no nosso corpo em todos os momentos. É um pequeno espaço com muita atividade dentro de nós!

A partir deste exemplo, é fácil ver por que as pessoas usam a expressão: "Você é o que come." Não podemos comer lanches rápidos o tempo todo e esperar que tudo corra bem dentro de nós sem nos prejudicar. O sangue e outros órgãos precisam trabalhar dobrado para impedir que algumas das coisas que comemos nos matem. Se colocarmos lixo demais dentro do nosso corpo, nossos órgãos ficarão esgotados tentando manter o ritmo.

O departamento de saúde encerraria imediatamente as atividades de qualquer estabelecimento alimentício que permitisse que o mesmo caminhão que entrega alimentos recolhesse o lixo. Mas dentro de cada um de nós Deus colocou um sistema circulatório maravilhoso — uma combinação realizada pelo Espírito Santo de linha de fornecimentos e retirada de lixo!

É isto que os glóbulos vermelhos fazem em nosso corpo. Eles nos mantêm cheios e limpos. Nosso sangue não apenas nos alimenta, ele também limpa nosso organismo fisicamente.

Agora, partindo desse conhecimento, vamos ver o que a Bíblia tem a dizer sobre o poder do sangue de Jesus para nos purificar do pecado que nos envenena espiritualmente.

O SANGUE PURIFICADOR

> Se confessarmos os nossos pecados, ele é fiel e justo para perdoar os nossos pecados e nos purificar de toda injustiça.
>
> 1 JOÃO 1:9

Observe que nessa passagem bíblica nos é dito que se confessarmos os nossos pecados a Deus, Ele nos purificará "continuamente". Creio ser essa a correlação espiritual com a maneira como o sangue purifica o nosso corpo continuamente.

O nosso sangue trabalha para nós o tempo todo, agindo continuamente para nos manter limpos de todo veneno, e o sangue de Jesus trabalha o tempo todo nos purificando continuamente do pecado em todas as suas formas e manifestações (ver 1 João 1:7). Há poder no sangue derramado de Jesus Cristo! Você e eu somos purificados *continuamente* — não apenas de vez em quando, não como quando estávamos debaixo da Velha Aliança, uma vez por ano no Dia da Expiação, mas *continuamente*.

A Bíblia afirma que existe apenas uma exigência da nossa parte: precisamos admitir livremente que pecamos e confessar nosso pecado.

Seja rápido em se arrepender, não tente esconder nada de Deus. Ele nunca vai rejeitar você. De qualquer maneira, Ele já sabe de tudo, mas o arrependimento libera o poder do sangue em seu favor. Essa é uma maneira pela qual você pode "usar" o sangue e permitir que ele seja eficaz em sua vida. Deixe o Senhor "lavar" você no sangue. Libere sua fé no sangue de Jesus.

Se você já lavou roupa, sabe que para limpar as coisas precisa esfregá-las. Hoje as máquinas fazem isso por nós, mas há anos, minha mãe esfregava as roupas em uma tábua de esfregar. Podemos ser esfregados até ficar limpos por dentro pelo sangue de Jesus. Lembre-se de que o escritor do livro de Hebreus diz que o sangue é a única coisa que nos purifica de uma consciência culpada e maligna (ver Hebreus 9:14).

O sangue é como um poderoso produto de limpeza. Se tivermos uma mancha resistente em uma roupa, às vezes colocamos um removedor de manchas sobre ela e deixamos que ele faça efeito por algum tempo. Do mesmo modo, quando é aplicada da maneira adequada, a vida que está no sangue remove a morte (as manchas resistentes) da nossa vida.

ABRINDO E FECHANDO PORTAS ESPIRITUAIS

> Quando vocês ficarem irados, não pequem. Apaziguem a sua ira antes que o sol se ponha, e não deem lugar ao Diabo.
>
> EFÉSIOS 4:26, 27

Às vezes cometo a tolice de abrir uma porta para o diabo em minha vida — abrindo espaço ou dando a ele uma base de apoio ou uma oportunidade.

Por exemplo, conheço os perigos das contendas, e na maior parte do tempo evito-as como se evita uma doença terrível (Tiago 3:16). Mas de vez em quando sou pega de surpresa e alguém me deixa furiosa. Às vezes levo mais tempo para superar o ocorrido, e isso me coloca em uma posição perigosa.

Lembre-se, a Bíblia diz que não devemos dar oportunidade ao diabo permitindo que o sol se ponha sobre a nossa ira. Deus me ensinou como fechar uma porta depois de tê-la aberto. Na verdade, Ele me ensinou não apenas a fechá-la, mas a mantê-la trancada — e isso envolve o sangue.

O diabo está procurando alguma fresta na porta, por assim dizer, onde possa colocar o pé e tentar ganhar espaço dentro da casa. Em outras palavras, se dermos um centímetro a ele, ele tentará ganhar um quilômetro. Descobri que ele está sempre alerta, apenas esperando uma oportunidade e o tempo favorável (Lucas 4:13).

É vital nos arrependermos quando pecamos, e devemos fazer isso depressa. O sangue trabalhará por nós, mas precisamos usá-lo de acordo com a instrução bíblica. O mesmo princípio é verdadeiro no que se refere às portas que podemos vir a abrir para o inimigo.

Como eu disse, tive uma revelação sobre o perigo existente nos conflitos; assim, sou responsável pelo que sei. Você sabia que o conhecimento gera responsabilidades? Se uma pessoa é ignorante e desinformada, Deus muitas vezes opta por cobri-la de forma sobrenatural enquanto ela está aprendendo. Mas quando possuímos conhecimento, espera-se que o utilizemos. O Apóstolo Paulo estava envolvido em matar cristãos, mais tarde, porém, ele disse que obteve graça, pois estava agindo na ignorância (ver 1 Timóteo 1:13). Se ele tivesse passado anos recebendo revelações de Deus e depois tivesse voltado a matar cristãos, duvido que Deus o teria tratado da mesma maneira.

Quando percebo que agi de maneira tola, quero estar certa de não ter deixado uma porta aberta para o diabo. Eu me arrependo, pedindo a Deus para me perdoar e me limpar da injustiça que cometi. Encaro esse processo como limpar a infecção de uma ferida. Se deixarmos o pecado coberto em nossas vidas, a infecção pode se espalhar e gerar problemas maiores. Mas podemos ser limpos se admitirmos e confessarmos nossos pecados.

Para ter a certeza de haver fechado qualquer porta que eu possa ter aberto para o diabo, peço a Deus para limpar a ferida e fechar a porta. Então eu a tranco selando-a com o sangue de Jesus. Este sangue é tão poderoso que ele impede que Satanás tire vantagem das minhas fraquezas. Peço misericórdia a Deus! A Sua graça opera em relação ao meu pecado, e a Sua misericórdia opera agindo na circunstância criada por mim como resultado do meu pecado.

Não se trata de buscar uma maneira de viver uma vida negligente, de ter uma atitude leviana para com o pecado e evitar suas consequências, mas de possuir o direito e o privilégio daqueles que estão buscando a Deus com seriedade, e ainda assim cometem erros durante o percurso.

Ah, o sangue! Há poder no sangue de Jesus!

CONCLUSÃO

Eles o venceram pelo sangue do Cordeiro e pela palavra do testemunho que deram; diante da morte, não amaram a própria vida.

Apocalipse 12:11

E vi o céu aberto, e eis um cavalo branco; e o que estava assentado sobre ele chama-se Fiel e Verdadeiro; e julga e peleja com justiça.

E os seus olhos eram como chama de fogo; e sobre a sua cabeça havia muitos diademas; e tinha um nome escrito, que ninguém sabia senão ele mesmo.

E estava vestido de uma veste salpicada de sangue; e o nome pelo qual se chama é a Palavra de Deus.

Apocalipse 19:11-13, ACF

Essas duas passagens das Escrituras nos dão provas suficientes e tão claras de que venceremos o inimigo pelo poder da Palavra, pelo nome e pelo sangue, que não precisamos dizer mais nada para sustentar a verdade que é exposta neste livro. Oro para que ele o tenha abençoado e continue abençoando-o, e possa prepará-lo para viver como alguém "mais que vencedor" (ver Romanos 8:37).

Sobre a Autora

Joyce Meyer é uma das líderes no ensino prático da Bíblia no mundo. Renomada autora de best-sellers pelo *New York Times*, seus livros ajudaram milhões de pessoas a encontrarem esperança e restauração através de Jesus Cristo.

Através dos *Ministérios Joyce Meyer*, ela ensina sobre centenas de assuntos, é autora de mais de 80 livros e realiza aproximadamente quinze conferências por ano. Até hoje, mais de doze milhões de seus livros foram distribuídos mundialmente, e em 2007 mais de três milhões de cópias foram vendidas. Joyce também tem um programa de TV e de rádio, *Desfrutando a Vida Diária*®, o qual é transmitido mundialmente para uma audiência potencial de três bilhões de pessoas. Acesse seus programas a qualquer hora no site www.joycemeyer.com.br

Após ter sofrido abuso sexual quando criança e a dor de um primeiro casamento emocionalmente abusivo, Joyce descobriu a liberdade de viver vitoriosamente aplicando a Palavra de Deus à sua vida, e deseja ajudar outras pessoas a fazerem o mesmo. Desde sua batalha contra um câncer no seio até as lutas da vida diária, Joyce Meyer fala de forma aberta e prática sobre sua experiência, para que outros possam aplicar o que ela aprendeu às suas vidas.

Ao longo dos anos, Deus tem dado a Joyce muitas oportunidades de compartilhar seu testemunho e a mensagem de mudança de vida do Evangelho. De fato, a revista *Time* a selecionou como uma das mais influentes líderes evangélicas dos Estados Unidos. Sua vida é um incrível testemunho do dinâmico e restaurador trabalho de Jesus Cristo. Ela crê e ensina que, independente do passado da pessoa ou dos erros cometidos, Deus tem um lugar para ela, e pode ajudá-la em seus caminhos para desfrutar a vida diária.

Joyce tem um merecido PhD em teologia pela Universidade Life Christian em Tampa, Flórida; um honorário doutorado em divindade pela Universidade Oral Roberts em Tulsa, Oklahoma; e um honorário doutorado em teologia sacra pela Universidade Grand Canyon em Phoenix, Arizona. Joyce e seu marido, Dave, são casados há mais de quarenta anos e são pais de quatro filhos adultos. Dave e Joyce Meyer vivem atualmente em St. Louis, Missouri.